Andando en la Vida Nueva

Un Estudio Práctico de Su Nueva Vida en Jesucristo

Guía de Estudio
Edición del Alumno

Pastor Jeremy Markle

**LOS MINISTERIOS
DE
ANDANDO EN LA PALABRA**
Pastor Jeremy Markle
www.walkinginthewordministries.net

ANDANDO EN LA VIDA NUEVA

Un Estudio Práctico De Su Nueva Vida En Jesucristo

Guía de Estudio
Edición del Alumno

Copyright © 2017 por Pastor Jeremy Markle.

Reservados todos los derechos.
Prohibida la reproducción total o parcial en cualquier forma, escrita o electrónica, sin la debida autorización del autor.

El texto bíblico ha sido tomado de la versión Reina-Valera
© 1960 Sociedades Bíblicas en América Latina;
© renovado 1988 Sociedades Bíblicas Unidas.
Utilizado con permiso.

Reina-Valera 1960® es una marca registrada
de American Bible Society,
y se puede usar solamente bajo licencia.

Publicado por Los Ministerios de Andando en la PALABRA
Walking in the WORD Ministries
www.walkinginthewordministries.net

Impreso en los Estados Unidos.

ISBN: 978-0998064697

Indice

Su Nuevo Padre Celestial. . . . . Guía de Estudio - Página 1

Su Nueva Pertenencia. . . . . Guía de Estudio - Página 13

Su Nuevo Consolador. . . . . Guía de Estudio - Página 27

Su Nueva Libertad del Pecado. . . . . Guía de Estudio - Página 41

Su Nueva Bendición Espiritual. . . . . Guía de Estudio - Página 59

Su Nueva Esperanza. . . . . Guía de Estudio - Página 73

Su Nuevo Enfoque. . . . . Guía de Estudio - Página 87

Su Nueva Manera de Pensar. . . . . Guía de Estudio - Página 101

Su Nueva Hambre Espiritual. . . . . Guía de Estudio - Página 121

Su Nuevo Acceso al Trono de Gracia. . . . . Guía de Estudio - Página 137

El Nuevo Dueño de Su Cuerpo. . . . . Guía de Estudio - Página 153

Su Nuevo Estilo de Vivir. . . . . Guía de Estudio - Página 165

Su Nuevo Privilegio. . . . . Guía de Estudio - Página 181

Romanos 6:1-13

1 ¿Qué, pues, diremos?
¿Perseveraremos en el pecado para que la gracia abunde?
2 En ninguna manera.
Porque los que hemos muerto al pecado,
¿cómo viviremos aún en él?
3 ¿O no sabéis
que todos los que hemos sido bautizados en Cristo Jesús,
hemos sido bautizados en su muerte?
4 Porque somos sepultados juntamente con él
para muerte por el bautismo,
a fin de que como Cristo resucitó de los muertos
por la gloria del Padre,
así también nosotros **ANDEMOS EN VIDA NUEVA**.
5 Porque si fuimos plantados juntamente con él
en la semejanza de su muerte,
así también lo seremos en la de su resurrección;
6 sabiendo esto,
que nuestro viejo hombre fue crucificado juntamente con él,
para que el cuerpo del pecado sea destruido,
a fin de que no sirvamos más al pecado.
7 Porque el que ha muerto, ha sido justificado del pecado.
8 Y si morimos con Cristo,
creemos que también viviremos con él;
9 sabiendo que Cristo,
habiendo resucitado de los muertos, ya no muere;
la muerte no se enseñorea más de él.
10 Porque en cuanto murió,
al pecado murió una vez por todas;
mas en cuanto vive, para Dios vive.
11 Así también vosotros consideraos muertos al pecado,
pero vivos para Dios en Cristo Jesús, Señor nuestro.
12 No reine, pues, el pecado en vuestro cuerpo mortal,
de modo que lo obedezcáis en sus concupiscencias;
13 ni tampoco presentéis vuestros miembros al pecado
como instrumentos de iniquidad,
sino presentaos vosotros mismos a Dios
como vivos de entre los muertos,
y vuestros miembros a Dios como instrumentos de justicia.

Prólogo

Una Introducción a Su Vida Nueva

Jesucristo, al responder a las preguntas espirituales de Nicodemo, explicó que sólo aquellos que han sido nacidos de nuevo, se les permitirá entrar en el reino de Dios (Juan 3:1-21). Entonces, Nicodemo respondió confundido: "*¿Cómo puede un hombre nacer siendo viejo? ¿Puede acaso entrar por segunda vez en el vientre de su madre, y nacer? Respondió Jesús: De cierto, de cierto te digo, que el que no naciere de agua y del Espíritu, no puede entrar en el reino de Dios. Lo que es nacido de la carne, carne es; y lo que es nacido del Espíritu, espíritu es. No te maravilles de que te dije: Os es necesario nacer de nuevo*" (Juan 3:4-7). Jesucristo le enseñaba a Nicodemo que cada individuo que entre al cielo debe tener dos cumpleaños: uno físico y uno espiritual. Primero tiene que nacer en una familia física y luego tiene que elegir personalmente nacer en la familia espiritual de Dios, creyendo en la muerte, entierro, y resurrección de Jesucristo como el único pago por sus pecados (Juan 1:12-13, Efesios 2:1-10). Aunque la vida física en esta tierra es temporal, Jesús le prometió a Nicodemo que la vida espiritual que Dios da es eterna. En Juan 3:16-18, Jesús dice "*Porque de tal manera amó Dios al mundo, que ha dado a su Hijo unigénito, para que todo aquel que en él cree, no se pierda, mas tenga vida eterna. Porque no envió Dios a su Hijo al mundo para condenar al mundo, sino para que el mundo sea salvo por él. El que en él cree, no es condenado; pero el que no cree, ya ha sido condenado, porque no ha creído en el nombre del unigénito Hijo de Dios.*"

Jesucristo fue enviado al mundo por Dios el Padre "*a buscar y a salvar lo que se había perdido*" (Lucas 19:10). Fue enviado para dar la vida espiritual a los que estaban "muertos en vuestros delitos y pecados" (Efesios 2:1). A través de Su obra terminada en la cruz, Él ha dado, "*a todos los que le recibieron, a los que creen en su nombre, les dio potestad de ser hechos hijos de Dios*" (Juan 1:12). Jesucristo vino a sacrificarse para que tú y yo "*[tengamos]* **vida, y para que la** *[tengamos]* **en abundancia.**" (Juan 10:10). Y Dios ha prometido que "*si alguno está en Cristo, nueva criatura es; las cosas viejas pasaron; he aquí todas son hechas nuevas*" (II Corintios 5:17).

Jesucristo no sólo ha proporcionado la oportunidad para que cada creyente tenga una nueva vida como uno de los hijos de Dios, sino que también ha dejado un "*ejemplo, para que sigáis sus pisadas; el cual no hizo pecado, ni se halló engaño en su boca; quien cuando le maldecían, no respondía con maldición; cuando padecía, no amenazaba, sino encomendaba la causa al que juzga justamente*" (I Pedro 2:21-23). I Juan 2:6 enseña que "*El que dice que permanece en él, debe andar como él anduvo.*" Si un creyente verdaderamente depende en Jesucristo para su vida nueva, él debe desear vivir según el ejemplo que Jesucristo le proveyó. Debe decir como el Apóstol Pablo: "*Vive Cristo en mí; y lo que ahora vivo en la carne, lo vivo en la fe del Hijo de Dios, el cual me amó y se entregó a sí mismo por mí*" (Gálatas 2:20).

El propósito de este estudio bíblico es estudiar las Escrituras para encontrar el verdadero significado de la "Vida Nueva" que se encuentra en Jesucristo y luego descubrir las grandes promesas que cada uno de los hijos de Dios puede disfrutar, así como las grandes responsabilidades que deben cumplir mientras caminan "*en vida nueva*" (Romanos 6:4).

Capítulo I

Su Nuevo Padre Celestial

Juan 1:12-13
Mas a todos los que le recibieron,
a los que creen en su nombre,
les dio potestad de ser hechos hijos de Dios;
los cuales no son engendrados de sangre,
ni de voluntad de carne,
ni de voluntad de varón,
sino de Dios.

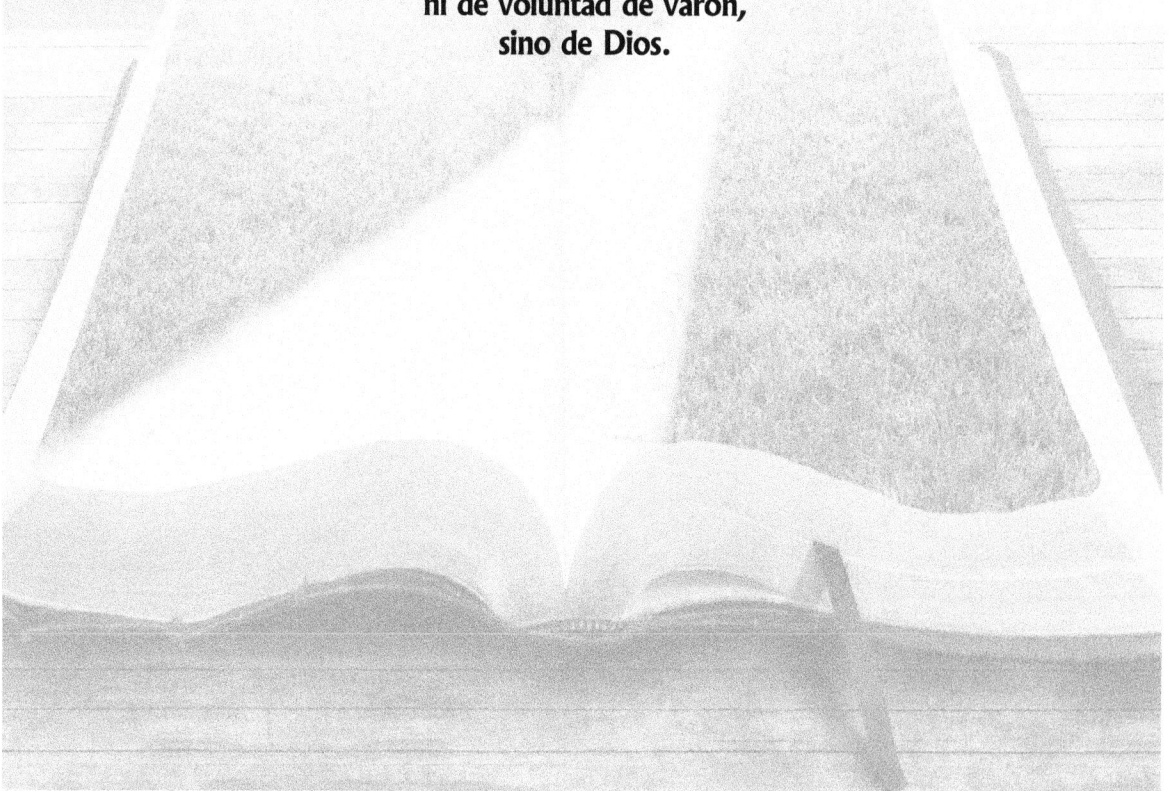

Capítulo 1

Su Nuevo Padre Celestial

Una Introducción Bíblica a Su Nuevo Padre Celestial

Juan 1:12-13 promete que cuando usted cree en Jesucristo como su salvador personal, inmediatamente se le da el poder, o el permiso para ser un hijo de Dios Padre como se dice, *"Mas a todos los que le recibieron, a los que creen en su nombre, les dio potestad de ser hechos hijos de Dios; los cuales no son engendrados de sangre, ni de voluntad de carne, ni de voluntad de varón, sino de Dios."* Gálatas 3:26 confirma esta promesa diciendo, *"pues todos sois hijos de Dios por la fe en Cristo Jesús."* El privilegio de ser uno de los hijos de Dios implica mucho más que las tradiciones y rituales que la religión puede ofrecer. Es una relación personal con Dios Padre por la cual puede llamarlo "Abba," o papá (Romanos 8:14-17, Gálatas 4:6). Como su Padre Celestial, Dios desea que usted dependa en Él para cada área de su vida y que se comunique con Él a través de la oración, para que Él pueda perfecta y amorosamente proveer para cada necesidad con Su provisión, instrucción, consuelo, corrección, etc. (Mateo 6:7-14, 25-34, Lucas 11:1-13).

Como su Padre Celestial, Dios desea que usted Lo represente en el mundo por vivir una vida justa, *"en esto se manifiestan los hijos de Dios, y los hijos del diablo: todo aquel que no hace justicia, y que no ama a su hermano, no es de Dios"* (I Juan 3:9-10). Dios siempre tiene su mejor interés en mente y Él sabe que la única manera en que usted será capaz de disfrutar verdaderamente su nueva vida es cuando usted viva *"como [los] hijos obedientes, no os conforméis a los deseos que antes teníais estando en vuestra ignorancia; sino, como aquel que os llamó es santo, sed también vosotros santos en toda vuestra manera de vivir; porque escrito está: Sed santos, porque yo soy santo*" (I Pedro 1:14-16).

Dios el Padre le ama tanto a usted que Él está dispuesto a cumplir Su responsabilidad paternal para corregirle cuando sea desobediente a Él (Hebreos 12:5-13). "*Porque el Señor al que ama, disciplina, y azota a todo el que recibe por hijo. Si soportáis la disciplina, Dios os trata como a hijos; porque ¿qué hijo es aquel a quien el padre no disciplina*" (Hebreos 12:6-7)? Dios el Padre sabe que "*es verdad que ninguna disciplina al presente parece ser causa de gozo, sino de tristeza; pero después da fruto apacible de justicia a los que en ella han sido ejercitados,*" y Él no desea que usted se quede desalentado después de la corrección, pero más bien dice: "*Por lo cual, levantad las manos caídas y las rodillas paralizadas; y haced sendas derechas para vuestros pies, para que lo cojo no se salga del camino, sino que sea sanado*" (Hebreos 12:11-13). Su Padre Celestial promete que "*si confesamos nuestros pecados, él es fiel y justo para perdonar nuestros pecados, y limpiarnos de toda maldad*" (I Juan 1:9).

I Juan 3:1-2 dice, "*Mirad cuál amor nos ha dado el Padre, para que seamos llamados hijos de Dios; ... Amados, ahora somos hijos de Dios, y aún no se ha manifestado lo que hemos de ser; pero sabemos que cuando él se manifieste, seremos semejantes a él, porque le veremos tal como él es.*" ¿Usted acepta la maravillosa verdad de que el amor de Dios le ha proporcionado no sólo el perdón de sus pecados, sino también un lugar especial en Su familia como uno de Sus hijos? ¿Permitirá que esta verdad le motive a honrarle todos los días de su vida? ¿Y se compromete a vivir su vida nueva como uno de Sus hijos obedientes hasta el final de ella en esta tierra?

La Instrucción Bíblica acerca de Su Nuevo Padre Celestial

✓ **Mateo 5:14-16** - Dios Padre debe recibir la gloria de los que observan su vida.

✓ **Mateo 6:1-4** - Dios Padre recompensa a Sus hijos obedientes.

✓ **Mateo 6:6-13** - Dios Padre quiere que Sus hijos le oren a Él por sus necesidades diarias, protección espiritual, y perdón.

✓ **Mateo 6:14-15, I Juan 1:5-10** - Dios Padre perdona los pecados de Sus hijos.

✓ **Mateo 14:16-17, 26, Lucas 11:13, Juan 14:16-18, 16, 15:26, 16:13-14, I Corintios 2:9-16** - Dios Padre da a cada uno de sus hijos el Espíritu Santo para consolarlos y guiarlos a lo largo de su vida nueva.

✓ **Romanos 1:7, I Corintios 1:3-5, II Corintios 1:2-4, Gálatas 1:3, Efesios 1:2, Filipenses 1:2, Colosenses 1:2, I Tesalonicenses 1:1, II Tesalonicenses 1:2, I Timoteo 1:2, II Timoteo 1:2, Tito 1:4, Filemón 1:3** - Dios Padre da gracia, paz, y misericordia a Sus hijos.

✓ **II Corintios 6:16-18** - Dios Padre requiere que Sus hijos se separen del mundo para que Él pueda tener comunión con ellos.

✓ **Efesios 1:3-6** - Dios Padre bendice a Sus hijos con bendiciones espirituales en el cielo.

Andando en Vida Nueva

- ✓ **Filipenses 4:20** - Dios Padre merece la gloria de Sus hijos por toda la eternidad.

- ✓ **I Tesalonicenses 1:2-3** - Dios Padre observa cada obra de fe de sus hijos, trabajo de amor, y paciencia en la esperanza.

- ✓ **II Tesalonicenses 2:6-7** - Dios Padre ama a sus hijos, y les da consuelo eterno y buena esperanza a través de Su gracia.

- ✓ _____ - _____
- ✓ _____ - _____
- ✓ _____ - _____
- ✓ _____ - _____
- ✓ _____ - _____
- ✓ _____ - _____
- ✓ _____ - _____
- ✓ _____ - _____
- ✓ _____ - _____

Una Investigación Bíblica acerca de Su Nuevo Padre Celestial

Juan 1:12-13

1. ¿A Quién tiene que recibir para ser un hijo de Dios? *(Juan 1:1-16, 29-37)*

2. ¿Quién le da el poder de ser uno de los hijos de Dios?

3. ¿Por la voluntad de Quién le hará convertirle en uno de los hijos de Dios? *(Juan 3:16-18, 20:31, Hechos 4:12, Filipenses 2:5-11)*

Gálatas 3:26

4. ¿En Quién debe usted tener fe para ser un hijo de Dios?

Romanos 8:14-17
Gálatas 4:4-7

5. ¿Quién dirige a los hijos de Dios?

6. El Espíritu de Dios es un *"espíritu de _____"* no de esclavitud.

7. ¿Por cuál nombre pueden los hijos de Dios llamarlo?

8. Si es hijo de Dios, también es uno de sus: _____.

Mateo 6:7-14, 25-34
Lucas 11:1-13

9. ¿Quiere Dios que le ore a él acerca de sus necesidades espirituales y físicas diarias?
   _____

10. Si busca primero *"el _____ de Dios y su _____, y todas estas cosas os serán añadidas."*

I Juan 3:9-10

11. ¿Qué debe hacer para mostrar que es un hijo de Dios?
    ♦ _____
    ♦ _____

I Pedro 1:14-16

12. ¿Qué tipo de niño debería ser?
    _____

13. Si va a ser como su Padre Celestial, ¿cómo debe vivir?
    _____

Hebreos 12:5-13

14. ¿Qué hace Dios cuando Le desobedece?
    - ♦ _____
    - ♦ _____
    - ♦ _____

15. ¿Qué prueba la disciplina de Dios en cuanto a su relación con Dios?
    _____

16. ¿Qué produce la corrección de Dios en su vida?
    - ♦ _____
    - ♦ _____

17. ¿Qué debe hacer después de ser corregido por Dios?
    - ♦ _____
    - ♦ _____
    - ♦ _____

I Juan 1:9

18. ¿Qué ha prometido Dios que hará por usted si confiesa y abandona sus pecados?
    - ♦ _____
    - ♦ _____

I Juan 3:1-3

19. ¿Qué muestra el interés de Dios al hacerle uno de Sus hijos?
    _____

20. ¿Qué sucederá cuando Dios vuelva y usted lo vea en Su gloria?
　　_____

21. ¿Qué debe hacer porque es uno de Sus hijos y espera verlo?
　　_____

Notas Personales acerca de Su Nuevo Padre Celestial

Capítulo 2

Su Nueva Pertenencia

Efesios 3:6
Que los gentiles son coherederos
y miembros del mismo cuerpo,
y copartícipes de la promesa en Cristo Jesús
por medio del evangelio,

Capítulo 2

Su Nueva Pertenencia

Una Introducción Bíblica a Su Nueva Pertenencia

Efesios 3:6 explica tres maneras por las cuales usted tiene la pertenencia espiritual como uno de los hijos de Dios. Dice que todos los creyentes son *"coherederos y miembros del mismo cuerpo, y copartícipes de la promesa en Cristo Jesús por medio del evangelio."*
Primero, en el momento de su fe en Jesucristo, como su Salvador personal, Dios Padre se convirtió en su Padre Celestial y lo ha hecho miembro de Su familia en la cual usted es uno de Sus herederos. Romanos 8:15-17 explica su posición en la familia de Dios diciendo, *"Pues no habéis recibido el espíritu de esclavitud para estar otra vez en temor, sino que habéis recibido el espíritu de adopción, por el cual clamamos: ¡Abba, Padre! El Espíritu mismo da testimonio a nuestro espíritu, de que somos hijos de Dios. Y si hijos, también herederos; herederos de Dios y coherederos con Cristo, si es que padecemos juntamente con él, para que juntamente con él seamos glorificados."* Ahora le pertenece. Usted pertenece a una familia muy especial y *"no sois extranjeros ni advenedizos, sino conciudadanos de los santos, y miembros de la familia de Dios"* (Efesios 2:19). Usted tiene un hogar espiritual, y una familia espiritual para llamarla suya. Incluso tiene el privilegio de ser conocido por un apellido. Dios Padre es su Padre y usted es conocido por Su nombre porque Él es *"de quien toma nombre toda familia en los cielos y en la tierra"* (Efesios 3:14-15).

Otro gran privilegio de estar en una familia es que no está solo. Usted es *"coheredero,"* lo que significa que tiene hermanos y hermanas que también son herederos y parte de su familia. Pueden ayudarle en sus tiempos de necesidad y regocijarse con usted en sus tiempos de bendición (Romanos 12:15, Gálatas 6:10). Debido a esta relación especial en la iglesia local con los otros hijos de Dios los creyentes a menudo se refieren como hermano o hermana de forma cordial. La iglesia local es una reunión de la familia de Dios y cada culto es en sí una reunión familiar en donde encontramos hermanos y hermanas: "*considerémonos unos a otros para estimularnos al amor y a las buenas obras*" (Hebreos 10:24-25).

Segundo, Efesios 3:6 dice que usted es "*miembros del mismo cuerpo.*" Usted pertenece a un cuerpo espiritual que lo necesita y que usted también necesita. I Corintios 12:12-13 dice, "*Porque así como el cuerpo es uno, y tiene muchos miembros, pero todos los miembros del cuerpo, siendo muchos, son un solo cuerpo, así también Cristo. Porque por un solo Espíritu fuimos todos bautizados en un cuerpo, sean judíos o griegos, sean esclavos o libres; y a todos se nos dio a beber de un mismo Espíritu.*" El cuerpo en él que somos "*bautizados*" o colocados es la iglesia. Efesios 5:23 enseña que "*Cristo es cabeza de la iglesia, la cual es su cuerpo, y él es su Salvador*" (Efesios 1:19-23). La iglesia local es la reunión física del cuerpo de Cristo con el propósito de trabajar juntos para la gloria de Dios (Efesios 3:21). El Apóstol Pablo explica el propósito del liderazgo espiritual en la iglesia y el trabajo conjunto de los miembros de la iglesia diciendo, "*Y él mismo constituyó a unos, Apóstoles; a otros, profetas; a otros, evangelistas; a otros, pastores y maestros, a fin de perfeccionar a los santos para la obra del ministerio, para la edificación del cuerpo de Cristo, hasta que todos lleguemos a la unidad de la fe y del conocimiento del Hijo de Dios, a un varón perfecto, a la medida de la estatura de la plenitud de Cristo; para que ya no seamos niños fluctuantes, llevados por doquiera de todo viento de doctrina, por estratagema de hombres que para engañar emplean con astucia las artimañas del error, sino que siguiendo la verdad en amor, crezcamos en todo en aquel que es la cabeza, esto es, Cristo,*

Su Nueva Pertenencia

quien todo el cuerpo, bien concertado y unido entre sí por todas las coyunturas que se ayudan mutuamente, según la actividad propia de cada miembro, recibe su crecimiento para ir edificándose en amor" (Efesios 4:11-16). "*Mas ahora Dios ha colocado los miembros cada uno de ellos en el cuerpo, como él quiso*" (I Corintios 12:18). "*Para que no haya desavenencia en el cuerpo, sino que los miembros todos se preocupen los unos por los otros. De manera que si un miembro padece, todos los miembros se duelen con él, y si un miembro recibe honra, todos los miembros con él se gozan. Vosotros, pues, sois el cuerpo de Cristo, y miembros cada uno en particular*" (I Corintios 12:25-27).

Tercero, Efesios 3:6 concluye diciendo que usted es uno de los "*copartícipes de la promesa en Cristo Jesús.*" Usted es un accionista espiritual de las promesas de Dios. Usted, junto con otros creyentes, tiene una parte privilegiada de las mayores promesas de Dios que se ofrecen "*por medio del evangelio*" (Efesios 3:6). Tiene la promesa de vida eterna (Tito 1:2, I Juan 2:24-25, II Pedro 1:3-4), pero no tiene el monopolio de la misma, por lo que usted tiene por una asociación con todos aquellos que han recibido Su promesa por la fe en el Evangelio como se presenta en I Corintios 15:1-4 que dice: "*Además os declaro, hermanos, el evangelio que os he predicado, el cual también recibisteis, en el cual también perseveráis; por el cual asimismo, si retenéis la palabra que os he predicado, sois salvos, si no creísteis en vano. Porque primeramente os he enseñado lo que asimismo recibí: Que Cristo murió por nuestros pecados, conforme a las Escrituras; y que fue sepultado, y que resucitó al tercer día, conforme a las Escrituras.*"

Así como los accionistas de una compañía tienen que trabajar juntos, cumpliendo con sus responsabilidades personales para edificar el negocio, y todos esperan pacientemente que sus metas sean alcanzadas, usted también debe tener compañerismo y servir junto a otros creyentes mientras espera que las promesas de Dios se cumplan en su vida. El Apóstol Juan deseaba tal comunión con los hermanos creyentes y decía, "*lo que hemos visto y oído, eso os anunciamos, para que también vosotros tengáis comunión con nosotros; y nuestra comunión verdaderamente es con el Padre, y con su Hijo Jesucristo*" (I Juan 1:3). Él estaba esperando la misma promesa que usted tiene hoy y exhortó a sus lectores diciendo, "*Lo que habéis oído desde el principio, permanezca en vosotros. Si lo que habéis oído desde el principio permanece en vosotros, también vosotros permaneceréis en el Hijo y en el Padre. Y esta es la promesa que él nos hizo, la vida eterna*" (I Juan 2:24-25). Se le ha dado el privilegio de unirse con los hermanos creyentes para tener comunión juntos mientras espera el cumplimiento de la bendita promesa de Dios de vida eterna con Él. Usted es un accionista con la garantía de recompensas espirituales.

¡Usted pertenece! Tiene un lugar especial y específico en la familia de Dios Padre, y tiene el privilegio de vivir para Él con sus hermanos y hermanas. Usted también pertenece al cuerpo de Cristo, la iglesia local. Necesita que los demás miembros del cuerpo le ayuden y se regocijen con usted, tal como usted es necesario para ayudarlos y alegrarse con ellos. Y pertenece a un grupo especial de accionistas a la mayor promesa de vida eterna de Dios. Usted no está solo mientras espera que Dios cumpla Su promesa. Tiene la comunión de otros creyentes para trabajar junto a usted y animarle mientras espera el cumplimiento perfecto de Dios y su lugar eterno en la gloria.

¿Se unirá a sus hermanos y hermanas espirituales al reunirse con ellos regularmente para alentarlos y ser alentado por ellos? ¿Aceptará la ayuda y usted ayudará a los demás miembros del cuerpo de Cristo participando en su iglesia local? ¿Se dedicará usted a trabajar junto con su compañero accionista en el ministerio de Dios al buscar maneras de servir a sus compañeros creyentes y compartir el mensaje de salvación de Dios con aquellos que están a su alrededor?

La Instrucción Bíblica acerca de Su Nueva Pertenencia

✓ **Romanos 12:3-8** - Cada miembro del cuerpo de Cristo tiene diferentes habilidades que Dios le ha dado para que pueda ayudar a todo el cuerpo, y cada miembro debe cumplir humildemente su responsabilidad.

✓ **I Corintios 12:12-26** - Dios ha colocado a cada miembro en el cuerpo de Cristo para ayudar a la iglesia a crecer y cuidarse a sí misma.

✓ **Colosenses 2:16, 19** - Jesucristo es la cabeza del cuerpo, y cada miembro debe ser unificado por recibir su alimento espiritual de Él.

✓ **Gálatas 4:1-7** - Cada creyente es heredero de Dios como uno de Sus hijos a través de su fe en Jesucristo.

✓ **Hebreos 3:6** - Jesucristo, como Hijo de Dios, es la cabeza de nuestra familia espiritual.

✓ **I Juan 5:1-4** - Los creyentes demuestran su amor por sus hermanos y hermanas espirituales cuando guardan los mandamientos de Dios Padre.

✓ **II Juan 1:5-8** - Los creyentes deben ayudar a sus hermanos y hermanas espirituales mientras se esfuerzan para ministrar a Dios Padre.

✓ **Filipenses 1:3-8** - Los creyentes deben estar agradecidos por la comunión que tienen juntos mientras sirven a Dios juntos, incluso cuando estén en lugares diferentes.

Andando en Vida Nueva

✓ _____ - _____
   _____

✓ _____ - _____
   _____

✓ _____ - _____
   _____

✓ _____ - _____
   _____

✓ _____ - _____
   _____

✓ _____ - _____
   _____

✓ _____ - _____
   _____

✓ _____ - _____
   _____

✓ _____ - _____
   _____

✓ _____ - _____
   _____

✓ _____ - _____
   _____

✓ _____ - _____
   _____

Una Investigación Bíblica acerca de Su Nueva Pertenencia

Efesios 3:6

1. ¿A cuáles tres maneras pertenece usted ahora que es uno de los hijos de Dios el Padre?
    ♦ _____
    ♦ _____
    ♦ _____

Romanos 8:15-17

2. ¿Cuál Espíritu recibió cuando fue salvo?
   _____

3. ¿Cómo puede llamar a Dios ahora que es parte de Su familia?
   _____

Efesios 2:19

4. ¿A cuál familia usted pertenece?
   _____

Romanos 12:15
Gálatas 6:10

5. ¿Qué debe hacer con los creyentes que se regocijan?
   _____

6. ¿Qué debe hacer con otros creyentes que están llorando?
   _____

7. ¿Qué debe hacer por los que son *"de la familia de la fe"*?
   _____

Hebreos 10:24-25

8. ¿Cuáles son las dos cosas que debe estimular a que los demás creyentes hagan?
   - _____
   - _____

9. ¿Qué no debe abandonar?
   _____

I Corintios 12:12-27

10. ¿Son importantes cada uno de los miembros del Cuerpo de Cristo (la iglesia)?
    _____

11. ¿Quién lo colocó en el Cuerpo de Cristo (la iglesia) y ha elegido cómo debe participar en el ministerio?
    _____

12. ¿Debería haber algún cisma o división en el Cuerpo de Cristo (la iglesia)?
    _____

13. Los miembros del Cuerpo de Cristo (la iglesia) deben: *"todos se _____ los unos por los otros."*

Su Nueva Pertenencia

14. *Si un miembro [del cuerpo de Cristo] padece, todos los miembros se _____ con él, y si un miembro recibe honra, todos los miembros con él se _____*

Efesios 1:19-23, 5:23

15. ¿Quién es la cabeza del cuerpo (la iglesia)?
    _____

Efesios 3:21

16. ¿Quién debe recibir la gloria a través del ministerio de la iglesia local?
    _____

Efesios 3:14-15

17. ¿Por el nombre de Quién es su nueva familia espiritual nombrada?
    _____

Efesios 4:11-16

18. ¿Por qué Jesucristo da le liderazgo espiritual humano al cuerpo (iglesia)?
    - *A fin de _____ a los santos para la obra del ministerio, para la _____ del cuerpo de Cristo*
    - *Hasta que todos lleguemos a la _____ de la fe y del _____ del Hijo de Dios, a un varón _____, a la medida de la estatura de la _____ de Cristo*

- *Para que ya no seamos _____ fluctuantes, _____ por doquiera de todo viento de doctrina*
- *Que _____ la verdad en amor, crezcamos en todo*

19. ¿Cuál es el propósito de que el cuerpo esté bien unido (trabajando juntos)?

   _____

Tito 1:2
I Juan 2:24-25
II Pedro 1:3-4

20. ¿Quién le prometió la vida eterna?

   _____

I Corintios 15:1-4

21. ¿Qué es el Evangelio (las buenas nuevas) que recibió y qué debe compartir con otros?
    - *Cristo _____ por nuestros pecados, conforme a las Escrituras*
    - *Cristo ... fue _____*
    - *Cristo ... _____ al tercer día, conforme a las Escrituras*

I Juan 1:3

22. ¿En quién es basa el compañerismo cristiano?
    - _____
    - _____

Su Nueva Pertenencia

Notas Personales acerca de Su Nueva Pertenencia

Capítulo 3

Su Nuevo Consolador

Juan 14:15-17
Si me amáis, guardad mis mandamientos.
Y yo rogaré al Padre, y os dará otro Consolador,
para que esté con vosotros para siempre:
el Espíritu de verdad,
al cual el mundo no puede recibir,
porque no le ve, ni le conoce;
pero vosotros le conocéis,
porque mora con vosotros,
y estará en vosotros.

Capítulo 3

Su Nuevo Consolador

Una Introducción Bíblica a Su Nuevo Consolador

En Juan 14:15-17 Jesucristo hace una promesa a Sus discípulos que se extiende a cada creyente. Él dijo, "*Si me amáis, guardad mis mandamientos. Y yo rogaré al Padre, y os dará otro Consolador, para que esté con vosotros para siempre: el Espíritu de verdad, al cual el mundo no puede recibir, porque no le ve, ni le conoce; pero vosotros le conocéis, porque mora con vosotros, y estará en vosotros.*" Jesucristo le ha prometido, como a uno de Sus seguidores, que Dios Padre le dará un Consolador que nunca le dejará. Ese Consolador es el Espíritu de la Verdad, también conocido como el Espíritu Santo. En I Corintios 3:16, el Apóstol Pablo enseña acerca de la venida del Espíritu Santo diciendo, "*¿No sabéis que sois templo de Dios, y que el Espíritu de Dios mora en vosotros?*" Y en I Corintios 6:19-20 él continúa diciendo, "*¿O ignoráis que vuestro cuerpo es templo del Espíritu Santo, el cual está en vosotros, el cual tenéis de Dios, y que no sois vuestros? Porque habéis sido comprados por precio; glorificad, pues, a Dios en vuestro cuerpo y en vuestro espíritu, los cuales son de Dios.*" Dios Padre ha enviado a Su Consolador, el Espíritu Santo, para morar en usted o estar con usted en todo tiempo y guiarlo por toda su vida cristiana.

El Consolador de Dios, el Espíritu Santo, es el Espíritu de la Verdad, y parte del consuelo que Él nos ofrece es Su guía personal para conocer la verdad (Juan 14:15-17, 15:26-27, 16:13). En Juan 15:26, Jesucristo dice específicamente, "*Pero cuando venga el Consolador, a quien yo os enviaré del Padre, el*

Espíritu de verdad, el cual procede del Padre, él dará testimonio acerca de mí." Y en Juan 16:13 Él explica más allá diciendo, "*Pero cuando venga el Espíritu de verdad, él os guiará a toda la verdad; porque no hablará por su propia cuenta, sino que hablará todo lo que oyere, y os hará saber las cosas que habrán de venir.*" Dios ha enviado a Su Espíritu para consolarle por ayudarle a conocer Su verdad por todas las circunstancias de la vida, para que pueda fructificar espiritualmente en todo lo que hace (Gálatas 5:22-23, Efesios 5:9). Él desea que usted conozca la diferencia entre la verdad y la mentira, así que Él promete darle entendimiento espiritual a través del Espíritu Santo que el mundo no puede ofrecerle. El Apóstol Pablo alentó a los creyentes en I Corintios 2:12-14 diciendo, "*Y nosotros no hemos recibido el espíritu del mundo, sino el Espíritu que proviene de Dios, para que sepamos lo que Dios nos ha concedido, lo cual también hablamos, no con palabras enseñadas por sabiduría humana, sino con las que enseña el Espíritu, acomodando lo espiritual a lo espiritual. Pero el hombre natural no percibe las cosas que son del Espíritu de Dios, porque para él son locura, y no las puede entender, porque se han de discernir espiritualmente.*" Dios quiere que usted sea confortado por la enseñanza y entienda lo que el Espíritu Santo le ofrece mientras estudia y aplica la Palabra de Dios a su vida diaria. No quiere que esté confundido o desalentado, sino más bien confiado en lo que es verdad y ayudarle a poner en práctica.

En Romanos 8:15-16 el Espíritu Santo es llamado, "*el espíritu de adopción*" y le ha sido dado para consolarle con constante seguridad de que es un hijo de Dios, y para animarle a llamar a Dios Padre, "*Abba*," o "papá" (Gálatas 4:4-7). Dios Padre, no quiere que pase por la vida inseguro. Más bien, Él quiere que usted esté confiado cerca de Él para que siempre esté seguro de Su amor y provisión (Hebreos 13:5-6).

Romanos 8:26-27 explica más el ministerio de consolación del Espíritu Santo para usted durante su tiempo de oración mientras busca expresar sus cargas a Dios, cuando no sabe las palabras que debe decir. Dice, "*Y de igual manera el Espíritu nos ayuda en nuestra debilidad; pues qué hemos de pedir como conviene, no lo sabemos, pero el Espíritu mismo intercede por nosotros con gemidos indecibles. Mas el que escudriña los corazones sabe cuál es la intención del Espíritu, porque conforme a la voluntad de Dios intercede por los santos."*

Dios, su Padre, verdaderamente le ama y quiere guiarle y consolarle a través de su vida entera porque Él es *"el Dios y Padre de nuestro Señor Jesucristo, Padre de misericordias y Dios de toda consolación, el cual nos consuela en todas nuestras tribulaciones, para que podamos también nosotros consolar a los que están en cualquier tribulación, por medio de la consolación con que nosotros somos consolados por Dios."* (II Corintios 1:3-4). Él le ha enviado a Su Consolador personal, el Espíritu Santo, para que nunca se sienta solo ni confundido. Más bien, Su Consolador desea trabajar en su vida para que crezca continuamente en su conocimiento y relación con Dios Padre y Jesucristo, y así producirá una vida llena de frutos espirituales para la gloria de Dios.

¿Aceptará al Consolador de Dios y Su ministerio, siguiendo la dirección del Espíritu Santo para prepararse, estudiar, y obedecer la Palabra de Dios para que pueda tener Su fruto espiritual en su vida? ¿Encontrará también consuelo en el ministerio del Espíritu Santo en ayudarle a articular sus peticiones de oración a Dios Padre?

La Instrucción Bíblica acerca de Su Nuevo Consolador

✓ **Hechos 1:8** - El Espíritu Santo le ha sido dado por Dios para que pueda ser testigo de Él a los que le rodean.

✓ **Hechos 2:38-39** - El Espíritu Santo le fue dado a usted en el momento en que creyó en Jesucristo como su Salvador personal por sus pecados.

✓ **Efesios 4:17-32 (30)** - El Espíritu Santo puede ser contristado (entristecido) por usted si decide vivir en pecado, como si no hubiera sido salvo.

✓ **I Tesalonicenses 5:19** - El Espíritu Santo puede ser apagado (restringido o limitado) por usted si elige no permitir que Él cumpla Su ministerio de enseñarle y guiarle a conocer y vivir la verdad.

✓ _____ - _____

✓ _____ - _____

✓ _____ - _____

✓ _____ - _____

✓ _____ - _____

Andando en Vida Nueva

✓ _____ - _____
  _____

✓ _____ - _____
  _____

✓ _____ - _____
  _____

✓ _____ - _____
  _____

✓ _____ - _____
  _____

✓ _____ - _____
  _____

✓ _____ - _____
  _____

✓ _____ - _____
  _____

✓ _____ - _____
  _____

✓ _____ - _____
  _____

✓ _____ - _____
  _____

✓ _____ - _____
  _____

Una Investigación Bíblica acerca de Su Nuevo Consolador

Juan 14:15-17

1. ¿A Quién le ha prometido Dios el Padre?

2. ¿Cuál es el otro nombre para el Consolador?

3. ¿Tiene el mundo acceso al Consolador de Dios?

I Corintios 3:16

4. ¿Dónde reside el Espíritu de la Verdad (Espíritu Santo)?

I Corintios 6:19-20

5. Su cuerpo es ¿el templo de Quién?

Juan 15:26-27

6. ¿Sobre Quién testificará el Consolador?

Juan 16:7-13

7. ¿Qué tuvo que hacer Jesucristo para que el Consolador pudiera venir?
   _____

8. ¿De qué convencerá el Consolador al mundo y por qué?
   - _____
   - _____
   - _____

9. ¿A qué conocimiento el Consolador (Espíritu de la Verdad) la guiará a ganar?
   _____

10. ¿El Consolador enseñará y se glorificará a Sí mismo?
    _____

Gálatas 5:22-23
Efesios 5:9

11. ¿Cuál es el fruto que el Espíritu Santo producirá en su vida?
    - _____
    - _____
    - _____
    - _____
    - _____
    - _____
    - _____
    - _____

- ♦ _____
- ♦ _____
- ♦ _____

I Corintios 2:9-14

12. ¿Qué le revela el Espíritu de Dios sobre su vida?
    _____

13. ¿Es el Espíritu de Dios también el espíritu del mundo?
    _____

14. ¿Cómo enseña el Espíritu Santo?
    _____

15. ¿Puede una persona no salva (hombre natural) entender cosas espirituales?
    _____

Romanos 8:1-17

16. ¿Debe andar según la carne o según el Espíritu?
    _____

17. ¿Hay condenación para usted cuando camine según el Espíritu de Dios?
    _____

Gálatas 4:1-7

18. ¿A qué le anima el Espíritu de Dios en llamar a Dios?
    _____

Hebreos 13:5-6

19. ¿Cuánto durará el Consolador con usted?
    _____

Romanos 8:26-27

20. ¿En qué le ayuda el Espíritu Santo cuando está confundido?
    _____

II Corintios 1:3-4

21. ¿Cuáles son las dos descripciones de Dios Padre?
    - ♦ _____
    - ♦ _____

22. ¿En cuáles tribulaciones le ofrece Dios Padre Su consuelo?
    _____

Su Nuevo Consolador

Notas Personales acerca de Su Nuevo Consolador

Capítulo 4

Su Nueva Libertad del Pecado

Romanos 6:1-2, 6-11
¿Qué, pues, diremos?
¿Perseveraremos en el pecado para que la gracia abunde?
En ninguna manera.
Porque los que hemos muerto al pecado,
¿cómo viviremos aún en él? sabiendo esto,
que nuestro viejo hombre fue crucificado
juntamente con él,
para que el cuerpo del pecado sea destruido,
a fin de que no sirvamos más al pecado.
Porque el que ha muerto,
ha sido justificado del pecado.
Y si morimos con Cristo,
creemos que también viviremos con él;
sabiendo que Cristo,
habiendo resucitado de los muertos, ya no muere;
la muerte no se enseñorea más de él.
Porque en cuanto murió,
al pecado murió una vez por todas;
mas en cuanto vive, para Dios vive.
Así también vosotros consideraos muertos al pecado,
pero vivos para Dios en Cristo Jesús, Señor nuestro.

Capítulo 4

Su Nueva Libertad del Pecado

Una Introducción Bíblica a Su Nueva Libertad del Pecado

Romanos 6:1 presenta una pregunta intrigante, pero importante acerca de la vida nueva que se encuentra en Jesucristo, cuando pregunta, *"¿Qué, pues, diremos? ¿Perseveraremos en el pecado para que la gracia abunde?"* Es fácil asumir que como el sacrificio de Jesucristo por el pecado es completo, usted tiene libertad para pecar liberalmente cuando lo elija (I Juan 1:9, 2:1-2). Pero el versículo dos provee la respuesta de Dios a la pregunta del hombre diciendo, *"En ninguna manera. Porque los que hemos muerto al pecado, ¿cómo viviremos aún en él?"* El capítulo seis de Romanos explica dos acontecimientos espirituales importantes que tuvieron lugar en su vida espiritual en el mismo momento en que aceptó la muerte, el entierro, y la resurrección de Jesucristo como el único pago por su pecado y por su destino eterno (Romanos 3:23-26, Tito 3:4-7). Gálatas 1:4-5, al hablar de Jesucristo, dice, *"el cual se dio a sí mismo por nuestros pecados para librarnos del presente siglo malo, conforme a la voluntad de nuestro Dios y Padre, a quien sea la gloria por los siglos de los siglos. Amén."*

Primero, Romanos 6:6-7 dice, *"sabiendo esto, que nuestro viejo hombre fue crucificado juntamente con él, para que el cuerpo del pecado sea destruido, a fin de que no sirvamos más al pecado. Porque el que ha muerto, ha sido justificado del pecado."* En el mismo momento de su fe en Jesucristo como su Salvador personal, Dios dice que usted fue espiritualmente colocado en Cristo y murió con Él en la cruz para que pueda ser espiritualmente sepultado *"juntamente con él ... a fin de que*

25

Andando en Vida Nueva

como Cristo resucitó de los muertos por la gloria del Padre, así también [usted ande] en vida nueva" (Romanos 6:3-4). Colosenses 2:12-15 explica que "*en el cual fuisteis también resucitados con él, mediante la fe en el poder de Dios que le levantó de los muertos. Y a vosotros, estando muertos en pecados y en la incircuncisión de vuestra carne, os dio vida juntamente con él, perdonándoos todos los pecados, anulando el acta de los decretos que había contra nosotros, que nos era contraria, quitándola de en medio y clavándola en la cruz, y despojando a los principados y a las potestades, los exhibió públicamente, triunfando sobre ellos en la cruz.*" Aunque usted no estaba físicamente con Jesús en la cruz, Dios dice que usted espiritualmente murió con Él en la cruz para liberarlo del pecado y resucitarlo con Él, para que pueda tener la victoria sobre el pecado mientras vive para Él (I Corintios 15:55-58, I Juan 5:4-5). Esta verdad no puede ser observada físicamente, pero es espiritualmente factible. Usted es una nueva criatura en Cristo, y tiene una nueva oportunidad de vivir una vida separada del poder del pecado porque ha muerto al pecado. Ahora puede vivir para Dios (I Corintios 5:14-17). Romanos 6:11-14 dice claramente, "*Así también vosotros consideraos muertos al pecado, pero vivos para Dios en Cristo Jesús, Señor nuestro. No reine, pues, el pecado en vuestro cuerpo mortal, de modo que lo obedezcáis en sus concupiscencias; ni tampoco presentéis vuestros miembros al pecado como instrumentos de iniquidad, sino presentaos vosotros mismos a Dios como vivos de entre los muertos, y vuestros miembros a Dios como instrumentos de justicia. Porque el pecado no se enseñoreará de vosotros; pues no estáis bajo la ley, sino bajo la gracia.*"

Romanos 6:15 pregunta una vez más, "*¿Qué, pues? ¿Pecaremos, porque no estamos bajo la ley, sino bajo la gracia?*" y rápidamente y con fuerza dice "*En ninguna manera.*" La Biblia es clara de que la gracia perdonadora de Dios nunca debe ser abusada. "*Porque la gracia de Dios se ha manifestado para salvación a todos los hombres, enseñándonos que, renunciando a la impiedad y a los deseos mundanos, vivamos*

Su Nueva Libertad del Pecado

en este siglo sobria, justa y piadosamente, aguardando la esperanza bienaventurada y la manifestación gloriosa de nuestro gran Dios y Salvador Jesucristo, quien se dio a sí mismo por nosotros para redimirnos de toda iniquidad y purificar para sí un pueblo propio, celoso de buenas obras" (Tito 2:11-14).

Luego Romanos 6:16-18 presenta el segundo acontecimiento espiritual que tuvo lugar en su salvación diciendo, *"¿No sabéis que si os sometéis a alguien como esclavos para obedecerle, sois esclavos de aquel a quien obedecéis, sea del pecado para muerte, o sea de la obediencia para justicia? Pero gracias a Dios, que aunque erais esclavos del pecado, habéis obedecido de corazón a aquella forma de doctrina a la cual fuisteis entregados; y libertados del pecado, vinisteis a ser siervos de la justicia."* Usted ha sido liberado de la autoridad del pecado a través de su relación con Jesucristo. Antes de su salvación, fue siervo del pecado, y por eso sus "justicias [eran] como trapo de inmundicia" (Isaías 64:6). Pero Jesucristo le ha comprado del pecado con su sangre y le ha liberado de la autoridad de este para que viva y le sirva a su amoroso Padre Celestial (I Corintios 6:2, I Pedro 1:18-19). Romanos 6:19 le anima a usar su nueva libertad encontrada para su propósito, diciendo, *"Porque vosotros, hermanos, a libertad fuisteis llamados; solamente que no uséis la libertad como ocasión para la carne, sino servíos por amor los unos a los otros. Porque toda la ley en esta sola palabra se cumple: Amarás a tu prójimo como a ti mismo"* (Gálatas 5:13-14). *"¿Acaso ignoráis, hermanos (pues hablo con los que conocen la ley), que la ley se enseñorea del hombre entre tanto que éste vive? Porque la mujer casada está sujeta por la ley al marido mientras éste vive; pero si el marido muere, ella queda libre de la ley del marido. Así que, si en vida del marido se uniere a otro varón, será llamada adúltera; pero si su marido muriere, es libre de esa ley, de tal manera que si se uniere a otro marido, no será adúltera. Así también vosotros, hermanos míos, habéis muerto a la ley mediante el cuerpo de Cristo, para que seáis de otro, del que*

27

Andando en Vida Nueva

resucitó de los muertos, a fin de que llevemos fruto para Dios. Porque mientras estábamos en la carne, las pasiones pecaminosas que eran por la ley obraban en nuestros miembros llevando fruto para muerte. Pero ahora estamos libres de la ley, por haber muerto para aquella en que estábamos sujetos, de modo que sirvamos bajo el régimen nuevo del Espíritu y no bajo el régimen viejo de la letra. ¿Qué diremos, pues? ¿La ley es pecado? En ninguna manera. Pero yo no conocí el pecado sino por la ley; porque tampoco conociera la codicia, si la ley no dijera: No codiciarás" (Romanos 7:1-7).

Jesucristo murió en la cruz para salvarle del poder y la autoridad del pecado. A través de su fe en Él, usted tiene acceso asegurado a *"la victoria que ha vencido al mundo"* (I Juan 5:4). Es su elección diaria para transmitir Su poder por la resurrección para resistir la tentación. Debe decir con el Apóstol Pablo, *"Con Cristo estoy juntamente crucificado, y ya no vivo yo, mas vive Cristo en mí; y lo que ahora vivo en la carne, lo vivo en la fe del Hijo de Dios, el cual me amó y se entregó a sí mismo por mí."* (Gálatas 2:20). Porque *"no os ha sobrevenido ninguna tentación que no sea humana; pero fiel es Dios, que no os dejará ser tentados más de lo que podéis resistir, sino que dará también juntamente con la tentación la salida, para que podáis soportar"* (I Corintios 10:13).

¿Usted aceptará la libertad de Dios por su pecado y su vergüenza? ¿Usted disfrutará el poder de Dios para rechazar la tentación? ¿Usted aprovechará la oportunidad que Dios le ha dado de andar "en vida nueva" (Romanos 6:4)?

Su Nueva Libertad del Pecado

La Instrucción Bíblica acerca de Su Nueva Libertad del Pecado

✓ **Hebreos 2:14-15** - Jesucristo tomó la forma de hombre y murió como un hombre con el fin de obtener la victoria sobre la muerte y el diablo.

✓ **Juan 8:34** - Jesucristo dijo que un pecador es un siervo de su pecado.

✓ **I Juan 3:4-6** - Jesucristo fue enviado para quitar el pecado de cada pecador y a ayudarle en evitar más pecado si dependen de él.

✓ **Efesios 2:1-6** - Jesucristo provee vida espiritual a todos aquellos que están muertos en sus pecados pero están dispuestos a creer en Su gracia salvadora.

✓ **I Corintios 6:9-11** - Jesucristo provee libertad del poder del pecado y de la injusticia para todos los que creen en Su nombre.

✓ _____ - _____

✓ _____ - _____

✓ _____ - _____

✓ _____ - _____

Andando en Vida Nueva

✓ _____ - _____
_____

✓ _____ - _____
_____

✓ _____ - _____
_____

✓ _____ - _____
_____

✓ _____ - _____
_____

✓ _____ - _____
_____

✓ _____ - _____
_____

✓ _____ - _____
_____

✓ _____ - _____
_____

✓ _____ - _____
_____

✓ _____ - _____
_____

✓ _____ - _____
_____

Su Nueva Libertad del Pecado

Una Investigación Bíblica acerca de Su Nueva Libertad del Pecado

Romanos 6:1-2, 15

1. ¿Quiere Dios que usted siga pecando y que dependa de Su gracia para perdonarle?
   _____

I Juan 1:9-10, 2:1-2

2. ¿Cómo puede tener el perdón de Dios por su pecado?
   ♦ _____
   ♦ _____

3. ¿Qué es usted si dice que no tiene pecado?
   _____

4. ¿Quiere Dios que usted peque?
   _____

Romanos 3:23-26
Tito 3:4-7

5. ¿Quién es la propiciación (pago) por su pecado?
   _____

Gálatas 1:3-5

6. Cuando Jesucristo se dio a sí mismo para pagar por su pecado, ¿de qué otra cosa le libró?
   _____

7. ¿Es según la voluntad de quién el que usted sea salvo de su pecado y del mundo?
   _____

Romanos 6:3-14

8. ¿Qué le sucedió a usted en su salvación?
   - Usted fue _____ en Su muerte
   - Usted fue _____ con Él por el bautismo en la muerte
   - Usted fue _____ de entre los muertos

9. ¿Qué fue crucificado con Cristo en su salvación?
   _____

10. ¿Cuál cosa no debe servir después de su salvación?
    _____

11. ¿Para Quién debe vivir después de su salvación?
    _____

12. ¿Cómo puede vivir para Dios después de su salvación?
    11 Así también vosotros _____ _____ al pecado, pero _____ para Dios en Cristo Jesús, Señor nuestro.
    12 No ____, pues, el pecado en vuestro cuerpo mortal, de modo que lo _____ en sus concupiscencias;

Su Nueva Libertad del Pecado

13 ni tampoco _____ vuestros miembros al pecado como instrumentos de iniquidad, sino _____ vosotros mismos a Dios como vivos de entre los muertos, y vuestros miembros a Dios como instrumentos de justicia.
14 Porque el pecado no se _____ de vosotros; pues no estáis bajo la ley, sino bajo la gracia.

Colosenses 2:8-15

13. ¿Cuáles son las cosas que no deben ser un engaño para usted?
    - ♦ _____
    - ♦ _____
    - ♦ _____
    - ♦ _____

14. ¿Qué le sucedió en su salvación?
    12 _____ con él en el bautismo, en el cual fuisteis también resucitados con él, mediante la ___ en el poder de Dios que le levantó de los muertos.
    13 Y a vosotros, estando muertos en pecados y en la incircuncisión de vuestra carne, os dio _____ juntamente con él, _____ todos los pecados,
    14 anulando el acta de los decretos que había contra nosotros, que nos era contraria, _____ de en medio y clavándola en la cruz,
    15 y _____ a los principados y a las potestades, los exhibió públicamente, _____ sobre ellos en la cruz.

I Corintios 15:55-58

15. ¿Qué es el aguijón de la muerte?

_____

16. ¿Quién le da la victoria sobre la muerte y el pecado?
   _____

17. ¿En qué debe permanecer firme porque tiene la promesa de Dios de la victoria?
   _____

I Juan 5:4-5

18. ¿Quién vence al mundo?
   _____

19. ¿Cuál cosa le da la garantía de la victoria sobre el mundo?
   _____

II Corintios 5:14-17

20. ¿Para Quién debe vivir después de haber aceptado el amor de Jesucristo?
   _____

21. ¿Qué pasó con usted cuando aceptó a Jesucristo como su Salvador personal?
   _____

Tito 2:11-14

22. ¿Qué enseña a todos los hombres la gracia salvadora de Dios, qué deben hacer mientras viven en este mundo?
    - Renunciar a la _____
    - Renunciar a los _____ mundanos

Su Nueva Libertad del Pecado

- ♦ Vivir _____
- ♦ Vivir _____
- ♦ Vivir _____
- ♦ Aguardar la _____ bienaventurada y la _____ gloriosa de nuestro gran Dios y Salvador Jesucristo

23. ¿Por qué Jesucristo se entregó a sí mismo por ti?
    - ♦ Para _____ de toda iniquidad
    - ♦ Para _____ como un pueblo peculiar
    - ♦ Para hacerme _____ de las buenas obras

Romanos 6:16-23

24. ¿Quién es su señor?
    _____

25. ¿De qué fue liberado por su fe en Jesucristo?
    _____

26. ¿Qué puede hacer ahora después de su fe en Jesucristo?
    _____

27. ¿Qué debe hacer para servir a Dios?
    19 Hablo como humano, por vuestra humana debilidad; que así como para iniquidad _____ vuestros miembros para servir a la _____ y a la _____, así ahora para santificación _____ vuestros miembros para servir a la _____ .

28. ¿Cuáles son los frutos de servir al pecado?
    - ♦ _____
    - ♦ _____

29. ¿Cuáles son los frutos de servir a Dios?
    ♦ _____
    ♦ _____

Isaías 64:6

30. ¿Cómo qué es su justicia antes de su salvación?
    _____

I Corintios 6:20
I Pedro 1:17-21

31. ¿Qué precio se pagó para liberarle de su pecado?
    _____

Gálatas 5:13-14

32. ¿Qué debe hacer con la libertad espiritual que Jesucristo ha comprado para usted?
    _____

Romanos 7:1-7

33. ¿Cómo ha sido hecho muerto a la autoridad de la ley y del pecado?
    _____

34. ¿A Quién le debería dar el fruto en su vida de libertad?
    _____

Gálatas 2:20

35. ¿Cómo quería el Apóstol Pablo vivir su vida después de su salvación?

20 Con Cristo estoy juntamente _____, y ya no ___ yo, mas vive _____ en mí; y lo que ahora vivo en la carne, lo vivo en la ___ del Hijo de Dios, el cual me amó y se entregó a sí mismo por mí.

I Corintios 10:13

36. ¿Hay alguna nueva tentación que le enfrentará?
    _____

37. ¿Permitirá Dios que sea tentado más de lo que puede resistir?
    _____

38. ¿Qué le proveerá Dios a cada tentación que enfrente?
    _____

Notas Personales acerca de
Su Nueva Libertad del Pecado

Andando en Vida Nueva

Capítulo 5

Su Nueva Bendición Espiritual

Efesios 1:3
Bendito sea el Dios y Padre de nuestro Señor Jesucristo,
que nos bendijo con toda bendición espiritual
en los lugares celestiales en Cristo,

Capítulo 5

Su Nueva Bendición Espiritual

Una Introducción Bíblica a Su Nueva Bendición Espiritual

Efesios 1:3 alaba a Dios Padre por Su abundante provisión de bendiciones espirituales para cada creyente, diciendo, "*Bendito sea el Dios y Padre de nuestro Señor Jesucristo, que nos bendijo con toda bendición espiritual en los lugares celestiales en Cristo.*" Dios ha planeado cuidadosamente en bendecirlo de muchos maneras que nunca podría entender completamente. El Apóstol Pablo dijo, "*Pues tengo por cierto que las aflicciones del tiempo presente no son comparables con la gloria venidera que en nosotros ha de manifestarse*" (Romanos 8:18).

El amor de Dios por usted y Sus planes para bendecirlo fueron hechos "*antes de la fundación del mundo,*" y continuarán siendo cumplidos por toda la eternidad mientras viva con Él en el cielo (Efesios 1:4). Él es Padre amoroso, que basado en Su propia voluntad y para Su propio placer, predestinó poner a su disposición la bendición de una adopción "*por medio de Jesucristo, según el puro afecto de su voluntad*" (Efesios 1:5). Después que se convierta en Su hijo, Él escogió desde la fundación del mundo que usted sea santo "*y sin mancha delante de él,*" disfrutando Su presencia amorosa (Efesios 1:4).

Dios fue tan amoroso en Su plan de bendecirlo que envió a Su amado Hijo Jesucristo para ofrecerle "*redención por su sangre, el perdón de pecados según las riquezas de su gracia*" (Efesios 1:7). Ha escogido proveer abundantemente "*toda sabiduría e inteligencia*" necesaria para su vida porque ha sido "*[aceptado] en el Amado,*" Jesucristo (Efesios 1:6, 8).

Andando en Vida Nueva

    Dios no sólo hizo provisión para el perdón de sus pecados, sino también le permitió "*a conocer el misterio de su voluntad*" para su salvación por enviar a otros cristianos a su vida para presentarle el mensaje del Evangelio, "*que Cristo murió por nuestros pecados, conforme a las Escrituras; y que fue sepultado, y que resucitó al tercer día, conforme a las Escrituras*" (Efesios 1:9, I Corintios 15:1-4). Es este mensaje en que ha creído, "*habiendo oído la palabra de verdad, el evangelio de [Su] salvación*" y que le ha dado la posibilidad de disfrutar plenamente "*toda [la] bendición espiritual*" que Dios Padre le ha provisto (Efesios 1:3, 13).

    El deseo de Dios de bendecirlo no sólo le ha dado perdón por sus pecados y un hogar en el cielo, sino también ha preparado una herencia para que disfrute por toda la eternidad (Efesios 1:11); una herencia que es "*incorruptible, incontaminada e inmarcesible, reservada en los cielos para vosotros, que sois guardados por el poder de Dios mediante la fe, para alcanzar la salvación que está preparada para ser manifestada en el tiempo postrero*" (I Pedro 1:4-5).

    En el momento en que aceptó el mensaje del Evangelio, "*fuisteis sellados con el Espíritu Santo de la promesa, que es las arras de nuestra herencia*" de grandes bendiciones y "*el Espíritu mismo da testimonio a nuestro espíritu, de que somos hijos de Dios*" (Efesios 1:13-14, Romanos 8:14-16). Dios el Espíritu Santo le fue dado a usted como un "*Consolador*," y Él "*esté con vosotros para siempre*" con el propósito de enseñarle acerca de Jesucristo y Dios Padre a través de la Palabra de Dios, la Biblia, y le "*guiará a toda la verdad*" (Juan 14:16-17, 15:26, 16:13-14). Por medio de la obra del Espíritu Santo, puede comenzar a aprender más acerca de las "*preciosas y grandísimas promesas*" de bendición que Dios ha planeado para usted como uno de Sus herederos (Efesios 1:11, 14, II Pedro 1:3-4).

    Los planes de Dios para bendecirlo continuamente son extensos. Han sido hechos en amor y duran por toda la eternidad. Por lo tanto, es justo que usted comience a vivir hoy "*para [la] alabanza de Su gloria*" como lo haría perfectamente en el cielo

Su Nueva Bendición Espiritual

cuando esté reunido con todos los hijos de Dios para estar en Su presencia por toda la eternidad (Efesios 1:10 , 12, 14).

Su Nueva Bendición Espiritual

La Instrucción Bíblica acerca de Su Nueva Bendición Espiritual

✓ **Mateo 6:19-21, I Corintios 3:9-15** - Su herencia espiritual y su recompensa en el cielo pueden ser aumentadas mientras vive para Dios ahora.

✓ **Mateo 28:18-20, Hebreos 13:5-6** - Dios ha prometido la bendición de Su presencia a los que le sirven.

✓ **Lucas 12:31-34** - Dios espera compartir con usted Su reino celestial y bendiciones eternas.

✓ **Hebreos 10:32-39** - Dios ha prometido una gran recompensa de bendición en los cielos para aquellos que se sacrifiquen por Él en esta vida si son pacientes.

✓ _____ - _____

✓ _____ - _____

✓ _____ - _____

✓ _____ - _____

✓ _____ - _____

✓ _____ - _____

Andando en Vida Nueva

✓ _____ - _____

✓ _____ - _____

✓ _____ - _____

✓ _____ - _____

✓ _____ - _____

✓ _____ - _____

✓ _____ - _____

✓ _____ - _____

✓ _____ - _____

✓ _____ - _____

✓ _____ - _____

✓ _____ - _____

Una Investigación Bíblica acerca de Su Nueva Bendición Espiritual

Efesios 1:3

1. ¿Con qué le ha bendecido Dios Padre?
   _____

2. ¿Dónde se mantienen sus bendiciones seguras?
   _____

3. ¿En Quién encuentra las bendiciones de Dios para su vida?
   _____

Romanos 8:18

4. ¿Cuál es mayor?
   - ❏ Su sufrimiento actual en esta tierra.
   - ❏ Las bendiciones de Dios que le esperan en el cielo.

Efesios 1:4

5. ¿Cuándo hizo Dios Sus planes para bendecirle?
   _____

6. ¿Cómo Dios lo escogió a usted que debe presentarse delante de Él?
   - ♦ _____
   - ♦ _____

Efesios 1:5

7. ¿Quién hizo posible su adopción espiritual?
   _____

8. ¿Quién es su Padre cuando reciba Su adopción espiritual?
   _____

Efesios 1:7

9. ¿Cuál fue el precio que Jesucristo pagó para darle perdón por sus pecados?
   _____

Efesios 1:6, 8

10. ¿En Quien usted está aceptado?
    _____

11. ¿Cuáles son las cosas que Dios a proveído en abundancia para usted?
    - _____
    - _____

I Corintios 15:1-4

12. ¿Qué es el Evangelio de Jesucristo?
    3 Porque primeramente os he enseñado lo que asimismo recibí: Que Cristo _____ por nuestros pecados, conforme a las Escrituras;
    4 y que fue _____, y que _____ al tercer día, conforme a las Escrituras;

Efesios 1:12-13

13. ¿Qué hizo con el Evangelio y Jesucristo para garantizar la bendición de Dios?
    _____

Efesios 1:11, 13-14
Romanos 8:14-16

14. Cuál bendición está esperando por usted en los cielos?
    _____

15. ¿A Quién le dio Dios para asegurarle de sus bendiciones presentes y futuras, cuando aceptó a Jesucristo como su Salvador personal?
    _____

16. ¿Qué bendición le garantiza el Espíritu Santo?
    _____

17. ¿Qué le asegura el Espíritu Santo?
    _____

Juan 14:16-17, 15:26, 16:13-14

18. ¿Cuáles son los otros dos nombres para el Espíritu Santo?
    - _____
    - _____

19. ¿Qué quiere el Espíritu Santo en guiarlo a conocer?
    _____

I Pedro 1:3-4

20. ¿Cuáles son las tres descripciones de la herencia en que Dios le quiere bendecir?
    - _____
    - _____
    - _____

21. ¿Dónde está reservada su bendita herencia?
    _____

22. ¿Por el poder de Quién es usted y su herencia protegida?
    _____

Efesios 1:10, 12, 14

23. ¿Dónde estarán todos los creyentes reunidos por Dios?
    _____

24. ¿A Quién alabará cuando esté reunido en los cielos con los amados creyentes?
    _____

Notas Personales acerca de
Su Nueva Bendición Espiritual

Capítulo 6

Su Nueva Esperanza

I Pedro 1:3-5
Bendito el Dios y Padre de nuestro Señor Jesucristo,
que según su grande misericordia
nos hizo renacer para una esperanza viva,
por la resurrección de Jesucristo de los muertos,
para una herencia incorruptible,
incontaminada e inmarcesible,
reservada en los cielos para vosotros,
que sois guardados por el poder de Dios mediante la fe,
para alcanzar la salvación
que está preparada para ser manifestada
en el tiempo postrero.

Capítulo 6

Su Nueva Esperanza

Una Introducción Bíblica a Su Nueva Esperanza

I Pedro 1:3-5 alaba a Dios Padre por la esperanza futura que Él ha prometido a cada creyente *"según su grande misericordia."* Puede estar seguro que la esperanza de Dios se aplica a usted porque *"de su voluntad, [le] hizo nacer por la palabra de verdad,"* encontrada en el Evangelio de Jesucristo, la que recibió para darle su nueva vida espiritual (Santiago 1:18). Debido a su nuevo nacimiento y a su relación personal con Dios el Padre como uno de Sus hijos (como se ha estudiado en el capítulo 2), a través de la fe en Jesucristo, usted ha nacido o ha recibido un derecho de nacimiento a *"esperanza viva."*

Su esperanza, o anticipación y seguridad en Dios está viva porque está basada en el poder de *"la resurrección de Jesucristo de los muertos"* (I Pedro 1:3). Es el poder de la resurrección de Jesucristo lo que le ha librado del poder y la autoridad del pecado en esta vida, y es el poder de la resurrección de Jesucristo lo que le asegura nuestra futura eternidad con Dios el Padre en el cielo (Romanos 6). Usted tiene la esperanza o la garantía de *"una herencia incorruptible, incontaminada e inmarcesible, reservada en los cielos"* (I Pedro 1:4). Jesucristo le aseguró a Sus discípulos esta esperanza cuando les dijo, *"No se turbe vuestro corazón; creéis en Dios, creed también en mí. En la casa de mi Padre muchas moradas hay; si así no fuera, yo os lo hubiera dicho; voy, pues, a preparar lugar para vosotros. Y si me fuere y os preparare lugar, vendré otra vez, y os tomaré a mí mismo, para que donde yo estoy, vosotros también estéis"* (Juan 14:1-3). Y el Apóstol Pablo animó a los creyentes diciendo, *"Tampoco*

41

Andando en Vida Nueva

queremos, hermanos, que ignoréis acerca de los que duermen, para que no os entristezcáis como los otros que no tienen esperanza. Porque si creemos que Jesús murió y resucitó, así también traerá Dios con Jesús a los que durmieron en él" (I Tesalonicenses 4:13-14).

I Pedro 1:5 le asegura que su nueva vida y su nueva esperanza para su futuro eterno no se basa en el poder humano, sino que está guardado "*por el poder de Dios mediante la fe, para alcanzar la salvación que está preparada para ser manifestada en el tiempo postrero.*" Es el poder de Dios lo que garantiza su futuro y es su fe en la salvación de Dios a través de Jesucristo la que hace Su poder aplicable a su vida (Juan 10:27-30). "*Porque no nos ha puesto Dios para ira, sino para alcanzar salvación por medio de nuestro Señor Jesucristo, quien murió por nosotros para que ya sea que velemos, o que durmamos, vivamos juntamente con él. Por lo cual, animaos unos a otros, y edificaos unos a otros, así como lo hacéis*" (I Tesalonicenses 5:9-11).

Su esperanza eterna está garantizada "*para ser manifestada en el tiempo postrero*" (I Pedro 1:5). El "*tiempo postrero*" es el momento perfecto de Dios para que "*el Señor mismo con voz de mando, con voz de arcángel, y con trompeta de Dios, descenderá del cielo; y los muertos en Cristo resucitarán primero. Luego nosotros los que vivimos, los que hayamos quedado, seremos arrebatados juntamente con ellos en las nubes para recibir al Señor en el aire, y así estaremos siempre con el Señor*" (I Tesalonicenses 4:16-18). Tiene que reconocer que "*la gracia de Dios se ha manifestado para salvación a todos los hombres, enseñándonos que, renunciando a la impiedad y a los deseos mundanos, vivamos en este siglo sobria, justa y piadosamente, aguardando la esperanza bienaventurada y la manifestación gloriosa de nuestro gran Dios y Salvador Jesucristo, quien se dio a sí mismo por nosotros para redimirnos de toda iniquidad y purificar para sí un pueblo propio, celoso de buenas obras*" (Tito 2:11-14). "*Porque en esperanza fuimos salvos; pero la esperanza que se ve, no es*

Su Nueva Esperanza

esperanza; porque lo que alguno ve, ¿a qué esperarlo? Pero si esperamos lo que no vemos, con paciencia lo aguardamos" (Romanos 8:24-25).

Su nueva esperanza está garantizada por Dios y potenciada por la resurrección de Jesucristo. Usted tiene que ser sobrio, habiéndose "*vestido con la coraza de fe y de amor, y con la esperanza de salvación como yelmo*" (I Tesalonicenses 5:8). No importa las pruebas que enfrenta en esta vida y las dudas que Satanás intenta usar para desanimarlo a usted, tiene que esperar pacientemente por el momento perfecto de Dios. Tiene que mantener su "*esperanza de la vida eterna, la cual Dios, que no miente, prometió desde antes del principio de los siglos*" (Tito 1:2). Usted tiene que "*ceñid los lomos de [su] entendimiento, sed [sobrio], y esperad por completo en la gracia que se [le] traerá cuando Jesucristo sea manifestado; como [hijo obediente,] no [le conformé] a los deseos que antes [tenía] estando en [su] ignorancia*" (I Pedro 1:13-14).

La Instrucción Bíblica acerca de Su Nueva Esperanza

✓ **Romanos 15:13** - Dios el Padre es el recurso para que usted abunde en esperanza a través del ministerio del Espíritu Santo en su vida.

✓ **I Corintios 15:12-23, 35-49, 53-58** - La esperanza de salvación incluye la garantía de la resurrección de los muertos al igual que Jesucristo resucitó de entre los muertos.

✓ **Efesios 2:11-18** - Sin una relación personal con Jesucristo no hay esperanza en este mundo ni en la eternidad, pero con Jesucristo hay abundante esperanza ofrecida a cualquiera que lo reciba.

✓ **Hebreos 6:17-20** - La esperanza que Dios ofrece a Sus hijos debe ser una ancla segura para su alma cuando enfrenten las tormentas de esta vida.

✓ **I Juan 3:1-3** - La esperanza producida por ser uno de los hijos de Dios debe producir el deseo de vivir una vida pura para Su gloria.

✓ _____ - _____

✓ _____ - _____

✓ _____ - _____

Andando en Vida Nueva

✓ _____ - _____
  _____

✓ _____ - _____
  _____

✓ _____ - _____
  _____

✓ _____ - _____
  _____

✓ _____ - _____
  _____

✓ _____ - _____
  _____

✓ _____ - _____
  _____

✓ _____ - _____
  _____

✓ _____ - _____
  _____

✓ _____ - _____
  _____

✓ _____ - _____
  _____

✓ _____ - _____
  _____

Una Investigación Bíblica acerca de Su Nueva Esperanza

I Pedro 1:3-5

1. ¿Quién le ha dado la nueva esperanza?
   _____

2. ¿Cuál es la descripción dada sobre su nueva esperanza?
   _____

3. ¿Qué tipo de herencia espera?
   ◆ _____
   ◆ _____
   ◆ _____
   ◆ _____

4. ¿El poder de Quién proveer le garantiza de su nueva esperanza después de su fe en Jesucristo?
   _____

Santiago 1:17-18

5. ¿Por la voluntad de Quién es usted salvo (nacido espiritual)?
   _____

Juan 14:1-3

6. ¿A dónde ha prometido Jesucristo llevarlo para estar con Él?
   _____

I Tesalonicenses 4:13-14

7. ¿Debería usted afligirse sin esperanza cuando un amado creyente fallece?
   _____

8. ¿Por qué debe tener esperanza cuando un creyente fallece?
   _____
   _____

Juan 10:27-30

9. Después de haber recibido su esperanza de vida eterna por medio de Jesucristo, ¿puede alguien sacarlo de las manos de Dios?
   _____

I Tesalonicenses 4:16-18, 5:9-11

10. ¿Qué debe hacer con otros creyentes por causa de su esperanza de salvación y ascensión futura al cielo para estar con Jesucristo?
    ♦ _____
    ♦ _____
    ♦ _____

Tito 2:11-14

11. ¿Qué tipo de esperanza tiene a través de su salvación?
    _____

12. ¿Qué debe su esperanza en ayudarlo a anticipar?
    _____

13. ¿Quién se entregó para que tuviera esperanza espiritual?
   _____

Romanos 8:24-25

14. ¿Es la esperanza algo que se puede ver o tocar?
   _____

15. ¿Qué debe hacer mientras espera su salvación final de este mundo?
   _____

I Tesalonicenses 5:8
Efesios 6:17

16. ¿Qué área de su cuerpo espiritual le protege su esperanza de salvación?
   _____

Tito 1:2

17. ¿Quién le prometió su esperanza de salvación?
   _____

18. ¿Puede fallar la promesa de su salvación?
   _____

I Pedro 1:13-14

19. ¿Hasta cuándo debería estar sobrio y esperar la gracia de Dios por medio de Jesucristo?
   _____

20. ¿Cómo debe vivir basado en su esperanza en la gracia de Dios?
   _____

Notas Personales acerca de Su Nueva Esperanza

Capítulo 7

Su Nuevo Enfoque

Colosenses 3:1-2
Si, pues, habéis resucitado con Cristo,
buscad las cosas de arriba,
donde está Cristo sentado a la diestra de Dios.
Poned la mira en las cosas de arriba,
no en las de la tierra.

Capítulo 7

Su Nuevo Enfoque

Una Introducción Bíblica a Su Nuevo Enfoque

Colosenses 3:1-2 se basa en su nueva esperanza encontrada en la resurrección de Jesucristo de entre los muertos (lo que fue considerada en el capítulo 6), diciendo, *"Si, pues, habéis resucitado con Cristo, buscad las cosas de arriba, donde está Cristo sentado a la diestra de Dios. Poned la mira en las cosas de arriba, no en las de la tierra."* Y el Apóstol Juan escribió en Juan 2:15-17, *"Y haciendo un azote de cuerdas, echó fuera del templo a todos, y las ovejas y los bueyes; y esparció las monedas de los cambistas, y volcó las mesas; y dijo a los que vendían palomas: Quitad de aquí esto, y no hagáis de la casa de mi Padre casa de mercado. Entonces se acordaron sus discípulos que está escrito: El celo de tu casa me consume."*

En Colosenses 2:10-15, el Apóstol Pablo declara audazmente su victoria espiritual sobre el pecado y la muerte por medio de Jesucristo diciendo, *"y vosotros estáis completos en [Cristo], que es la cabeza de todo principado y potestad ... sepultados con él en el bautismo, en el cual fuisteis también resucitados con él, mediante la fe en el poder de Dios que le levantó de los muertos. Y a vosotros, estando muertos en pecados y en la incircuncisión de vuestra carne, os dio vida juntamente con él, perdonándoos todos los pecados, anulando el acta de los decretos que había contra nosotros, que nos era contraria, quitándola de en medio y clavándola en la cruz, y despojando a los principados y a las potestades, los exhibió públicamente, triunfando sobre ellos en la cruz."* Aunque físicamente no se siente diferente, espiritualmente ha

Andando en Vida Nueva

experimentado una transformación sobrenatural cuando aceptó a Jesucristo como su Salvador personal. En ese momento, usted fue espiritualmente bautizado "*en Cristo Jesús, [ha] sido [bautizado] en su muerte? Porque [estaba sepultado] juntamente con él para muerte por el bautismo, a fin de que como Cristo resucitó de los muertos por la gloria del Padre, así también [usted ande] en vida nueva*" (Romanos 6:3-4).

Su nueva vida ahora le permite disfrutar de un nuevo enfoque y objetivos en ella. Tiene la oportunidad de buscar algo mejor de lo que este mundo le puede ofrecer y depender de alguien que nunca le fallará. Ahora tiene la oportunidad de invertir en tesoros celestiales con valor eterno, poniendo su amorosa atención en Dios y lo que realmente Lo glorifica y exalta (Mateo 22:36-40).

Jesucristo dijo, "*No os hagáis tesoros en la tierra, donde la polilla y el orín corrompen, y donde ladrones minan y hurtan; sino haceos tesoros en el cielo, donde ni la polilla ni el orín corrompen, y donde ladrones no minan ni hurtan. Porque donde esté vuestro tesoro, allí estará también vuestro corazón*" (Mateo 6:19-21). En I Corintios 9:25 el Apóstol Pablo dijo, "*Todo aquel que lucha, de todo se abstiene; ellos, a la verdad, para recibir una corona corruptible, pero nosotros, una incorruptible.*" "*Prosigo a la meta, al premio del supremo llamamiento de Dios en Cristo Jesús*" (Filipenses 3:14). El Apóstol Pablo no quiso tener la oportunidad de perder su enfoque celestial. No quería perder ningún tesoro espiritual que pudiera ganar al vivir y servir adecuadamente a Su Señor y Salvador Jesucristo en esta vida. Al final de su vida dijo, "*He peleado la buena batalla, he acabado la carrera, he guardado la fe. Por lo demás, me está guardada la corona de justicia, la cual me dará el Señor, juez justo, en aquel día; y no sólo a mí, sino también a todos los que aman su venida*" (II Timoteo 4:7-8). Usted tiene la oportunidad de ganar una corona de justicia en el cielo si enfoca su vida en las cosas celestiales.

Usted se tiene que despojar "*de todo peso y del pecado que nos asedia, y [correr] con paciencia la carrera que [tiene] por*

Su Nuevo Enfoque

delante, puestos los ojos en Jesús, el autor y consumador de la fe, el cual por el gozo puesto delante de él sufrió la cruz, menospreciando el oprobio, y se sentó a la diestra del trono de Dios. Considerad a aquel que sufrió tal contradicción de pecadores contra sí mismo, para que vuestro ánimo no se canse hasta desmayar" (Hebreos 12:1-3). Usted tiene que dedicarse personalmente y regularmente en estudiar la Palabra de Dios para que pueda, con la ayuda del Espíritu Santo, crecer continuamente en su conocimiento de Dios el Padre, de Jesucristo, y de la obediencia que los glorifica para que verdaderamente disfrute de lo que Dios está esperando darle. Al buscar la gloria de Dios y tener afectos por Él, verá que las cosas de este mundo, aunque necesarias para vivir, no son necesarias para tener una vida plena. Experimentará la *"gracia y paz os sean multiplicadas, en el conocimiento de Dios y de nuestro Señor Jesús. Como todas las cosas que pertenecen a la vida y a la piedad nos han sido dadas por su divino poder, mediante el conocimiento de aquel que nos llamó por su gloria y excelencia"* (II Pedro 1:2-3).

51

Su Nuevo Enfoque

La Instrucción Bíblica acerca de
Su Nuevo Enfoque

✓ **Mateo 6:25-34** - Cuando un creyente se enfoca en el cielo, y vive de acuerdo con la justicia de Dios, él tiene la promesa de Dios de proveerle para sus necesidades terrenales.

✓ **Mateo 7:7-8** - Cada creyente tiene la promesa de Dios de que si lo busca, se le revelará a él.

✓ **II Corintios 4:18** - Cada creyente debe buscar las cosas eternas más que las cosas de este mundo.

✓ **I Corintios 10:31** - Cada creyente debe buscar la gloria de Dios en todo lo que hace.

✓ _____ - _____

✓ _____ - _____

✓ _____ - _____

✓ _____ - _____

✓ _____ - _____

✓ _____ - _____

Andando en Vida Nueva

- ✓ _____ - _____
- ✓ _____ - _____
- ✓ _____ - _____
- ✓ _____ - _____
- ✓ _____ - _____
- ✓ _____ - _____
- ✓ _____ - _____
- ✓ _____ - _____
- ✓ _____ - _____
- ✓ _____ - _____
- ✓ _____ - _____
- ✓ _____ - _____

Una Investigación Bíblica acerca de Su Nuevo Enfoque

Colosenses 3:1-2

1. ¿Qué debe buscar si es seguidor de Jesucristo?
   _____

2. ¿Dónde debe fijar sus afectos si es seguidor de Jesucristo?
   _____

3. ¿Dónde no debería fijar sus afectos si es seguidor de Jesucristo?
   _____

I Juan 2:15-17

4. ¿Puede fijar sus afectos en Dios y en objetos y filosofías mundanas al mismo tiempo?
   _____

5. ¿Cuáles son las tres cosas que están incluidas en un enfoque mundano?
   - _____
   - _____
   - _____

6. ¿Qué ocurrirá con este mundo y aquellos que se enfoquen en él?
   _____

7. ¿Qué sucederá con aquellos que se enfocan en agradar a Dios?
   _____

Colosenses 2:10-15

8. ¿Quién le ha dado la victoria sobre su pecado?
   _____

9. ¿Dónde fue colocado su pecado cuando aceptó a Jesucristo como su Salvador personal?
   _____

Romanos 6:3-4

10. En su salvación, ¿Fue identificado con la muerte, el entierro y la resurrección de Quién?
    _____

11. ¿Cómo debe andar ahora luego de su salvación?
    _____

Mateo 22:36-40

12. ¿Cuál es el primer gran mandamiento y cómo debe cumplirlo?
    _____

13. ¿Cuál es el segundo gran mandamiento y cómo debe cumplirlo?
    _____

Mateo 6:19-21

14. ¿Dónde no debe hacer su tesoro, y por qué?
    _____

Su Nuevo Enfoque

15. ¿Dónde debe hacer su tesoro y por qué?
    _____

16. ¿Qué revela su tesoro sobre usted?
    _____

I Corintios 9:25

17. ¿Cuál tipo de corona deseaba ganar el Apóstol Pablo?
    _____

18. ¿Cómo no corrió el Apóstol Pablo la carrera de su vida?
    _____

19. ¿Cómo no luchó el Apóstol Pablo sus batallas espirituales?
    _____

Filipenses 3:14

20. ¿En qué meta puso el Apóstol Pablo sus ojos para que no fallara en su vida cristiana?
    _____
    _____

II Timoteo 4:7-8

21. ¿Por qué estaba el Apóstol Pablo seguro de que recibiría una corona de justicia cuando llegara al cielo?
    7 He _____ la buena batalla, he _____ la carrera, he _____ la fe.

22. ¿Cómo puede ganar una corona de justicia cuando llegue al cielo?
_____

Hebreos 12:1-3

23. ¿De qué se debe despojar para que pueda centrarse correctamente en su vida cristiana?
   ◆ _____
   ◆ _____

24. ¿Cómo debe correr la carrera cristiana para que termine bien?
_____

25. ¿En quién se debe enfocar para que no se desanime en su vida cristiana?
_____

II Pedro 1:2-4

26. ¿Cómo puede tener la gracia y la paz que necesita para vivir su vida cristiana?
_____

27. ¿En Quién tiene que enfocarse si va a tener todo lo que necesita para la vida piadosa?
   ◆ _____
   ◆ _____

Notas Personales acerca de Su Nuevo Enfoque

Andando en Vida Nueva

Capítulo 8

Su Nueva Manera de Pensar

Romanos 12:2
No os conforméis a este siglo,
sino transformaos
por medio de la renovación de vuestro entendimiento,
para que comprobéis cuál sea la buena voluntad de Dios,
agradable y perfecta.

Capítulo 8

Su Nueva Manera de Pensar

Una Introducción Bíblica a Su Nueva Manera de Pensar

Romanos 12:2 presenta el primer paso que tiene que tomar para que viva su nueva vida en Cristo cuando dice, *"No os conforméis a este siglo, sino transformaos por medio de la renovación de vuestro entendimiento, para que comprobéis cuál sea la buena voluntad de Dios, agradable y perfecta."* Tiene que permitir que Dios renueve su manera de pensar, para que verdaderamente pueda cumplir Su voluntad en su vida. Su voluntad que es buena, aceptable y perfecta para usted en todos los sentidos imaginables!

Anteriormente en Romanos 7:22-23, cuando el Apóstol Pablo estaba compartiendo su propia batalla espiritual con su carne, dijo, *"Porque según el hombre interior, me deleito en la ley de Dios; pero veo otra ley en mis miembros, que se rebela contra la ley de mi mente, y que me lleva cautivo a la ley del pecado que está en mis miembros."* En estos versículos, el Apóstol Pablo expresó la lucha espiritual que cada creyente enfrenta cuando su mente se convierto en la frontera de la batalla espiritual. Porque es la mente el objetivo de *"los dardos de fuego del maligno,"* es en la mente que el mundo enfoca sus tentaciones de *"los deseos de la carne, los deseos de los ojos, y la vanagloria de la vida,"* y es la mente en donde la propia carne lucha por traerle *"cautivo a la ley del pecado"* (Efesios 6:16, I Juan 2:16, Romanos 7:23). El Apóstol Pablo concluye en los versículos 24-25 diciendo, *"¡Miserable de mí! ¿quién me librará de este cuerpo de muerte? Gracias doy a Dios, por Jesucristo Señor nuestro. Así que, yo mismo con la mente sirvo a la ley de Dios, mas con la carne a la ley del pecado*" (Romanos 7:24-25). Aquí el Apóstol Pablo revela la única solución disponible para renovar su mente. Tiene que comenzar y nunca dejar de poner sus "*ojos en Jesús, el autor y consumador de la fe*" por aprender y recordar "*la ley de Dios,*" la Biblia, "*para que vuestro ánimo no se canse hasta desmayar*" (Hebreos 12:2-3). Tiene que seguir el consejo del Apóstol Pablo a Timoteo cuando dijo, "*Ocúpate en estas cosas; permanece en ellas, para que tu aprovechamiento sea manifiesto a todos. Ten cuidado de ti mismo y de la doctrina; persiste en ello, pues haciendo esto, te salvarás a ti mismo y a los que te oyeren*" (I Timoteo 4:15-16). Usted tiene que prestar atención a la advertencia del Apóstol Pablo a los creyentes, encontradas en II Corintios 11:3 para no permitir que Satanás los distraiga de Jesucristo cuando dijo, "*Pero temo que como la serpiente con su astucia engañó a Eva, vuestros sentidos sean de alguna manera extraviados de la sincera fidelidad a Cristo.*"

Romanos 8:5-7 distingue entre aquellos que permiten que el Espíritu Santo guíe su mente a través de la lectura, la comprensión, y el recuerdo de la Palabra de Dios para que puedan ponerlo en práctica, y aquellos que permiten que su carne dicte sus pensamientos y acciones. Dice, "*Porque los que son de la carne piensan en las cosas de la carne; pero los que son del Espíritu, en las cosas del Espíritu. Porque el ocuparse de la carne es muerte, pero el ocuparse del Espíritu es vida y paz. Por cuanto los designios de la carne son enemistad contra Dios; porque no se sujetan a la ley de Dios, ni tampoco pueden.*" La mente carnal piensa en aquellas cosas que le agradan a sí mismo y por lo tanto producen una vida llena de "*las obras de la carne, que son: adulterio, fornicación, inmundicia, lascivia, idolatría, hechicerías, enemistades, pleitos, celos, iras, contiendas, disensiones, herejías, envidias, homicidios, borracheras, orgías, y cosas semejantes a estas*" (Gálatas 5:19-21). "*Entre los cuales también todos nosotros vivimos en otro tiempo en los deseos de nuestra carne, haciendo la voluntad de la carne y de los*

Su Nueva Manera de Pensar

pensamientos, y éramos por naturaleza hijos de ira, lo mismo que los demás. Pero Dios, que es rico en misericordia, por su gran amor con que nos amó, aun estando nosotros muertos en pecados, nos dio vida juntamente con Cristo (por gracia sois salvos)" (Efesios 2:3-5). Aunque usted nació con una mente carnal, Dios, a través de su salvación en Jesucristo, le ha proporcionado la oportunidad de renovar su mente para que pueda *"ocuparse del Espíritu,"* y disfrutar su nueva *"vida y paz"* (Romanos 8:6). Después de la salvación *"que ya no andéis como los otros gentiles, que andan en la vanidad de su mente, teniendo el entendimiento entenebrecido, ajenos de la vida de Dios por la ignorancia que en ellos hay, por la dureza de su corazón; ... Mas vosotros no habéis aprendido así a Cristo, ... y renovaos en el espíritu de vuestra mente, y vestíos del nuevo hombre, creado según Dios en la justicia y santidad de la verdad"* (Efesios 4:17-24). Su salvación no sólo lo salva de la penalidad del pecado, sino que le provee instrucciones para cambiar su manera de pensar, la cual le impedirá seguir viviendo en pecado. Tito 2:11-14 dice, *"Porque la gracia de Dios se ha manifestado para salvación a todos los hombres, enseñándonos que, renunciando a la impiedad y a los deseos mundanos, vivamos en este siglo sobria, justa y piadosamente, aguardando la esperanza bienaventurada y la manifestación gloriosa de nuestro gran Dios y Salvador Jesucristo, quien se dio a sí mismo por nosotros para redimirnos de toda iniquidad y purificar para sí un pueblo propio, celoso de buenas obras."*

El proceso de cualquier proyecto de renovación no es fácil ni rápido. Requiere trabajo dedicado para quitar lo viejo y reemplazarlo con algo nuevo. No es suficiente cubrir lo viejo con lo nuevo, ni mezclar cosas nuevas con cosas viejas. Espiritualmente, usted tiene que comenzar aceptando humildemente que sus pensamientos y deseos viejos son contrarios a los de Dios y por lo tanto , éstos necesitan ser removidos para que pueda comenzar en aprender sus pensamientos y deseos para su vida. Tiene que reconocer que no es suficiente cumplir solo este proceso de renovación, sino debe obedecer el mandamiento de Dios que se encuentra en Romanos 12:3 de "*que no tenga más alto concepto de sí que el que debe tener, sino que piense de sí con cordura, conforme a la medida de fe que Dios repartió a cada uno*" (Gálatas 6:3). Tiene que pedirle a Dios que le enseñe a Su mente a través de la dirección del Espíritu de Verdad, el Espíritu Santo, que Dios le ha dado para guiarlo "*a toda la verdad*" (Juan 16:13). Y luego usted tiene que recibir "*la palabra con toda solicitud, escudriñando cada día las Escrituras,*" para que pueda descubrir continuamente lo que Dios dice que es la verdad sobre su vida y cómo puede vivir para Él con su vida (Hechos 17:11).

Es sólo por la guía de Dios a través de Su Palabra que usted puede realmente comenzar a transformar su mente a "*la mente de Cristo*" (I Corintios 2:9-16). La mente de Cristo es de humildad, servicio, y amor a Dios Padre y a otros (Filipenses 2:2-8). Esta es la misma mente o los mismos pensamientos que lo guiará a cumplir la voluntad declarada de Dios para su vida, que usted "*amarás al Señor tu Dios con todo tu corazón, y con toda tu alma, y con toda tu mente,*" y que "*amarás a tu prójimo como a ti mismo*" (Mateo 22:37-39).

El proceso de renovación requiere que usted "*por tanto, ceñid los lomos de vuestro entendimiento, sed sobrios, y esperad por completo en la gracia que se os traerá cuando Jesucristo sea manifestado; como hijos obedientes, no os conforméis a los deseos que antes teníais estando en vuestra ignorancia*" (I Pedro 1:13-15). Usted tiene que estar dispuesto a hacer la pregunta encontrada en Salmos 119:9 cuando dice, "*¿Con qué limpiará el joven su camino?*" y luego seguir la respuesta proporcionada, "Con guardar tu palabra." Usted tiene que seguir los seis pasos que se encuentran en Salmos 119:10-14 para permitir que la Palabra de Dios penetre en cada área de Su vida. Primero, tiene que buscar la Palabra de Dios con todo su corazón. Segundo, nunca puede desviarse de la Palabra de Dios. Tercero, tiene que guardar, o mantener, la Palabra de Dios cerca de su corazón y

Su Nueva Manera de Pensar

pensamientos. Cuarto, tiene que permitir que Dios le enseñe el significado y la aplicación personal de Su Palabra. Quinto, tiene que contar con confianza lo que ha aprendido de la Palabra de Dios con aquellos que lo rodean. Sexto, tiene que gozar en la dirección que la Palabra de Dios lo ha llevado. Por seguir los seis pasos que se encuentran en Salmos 119:10-14 a cada área de su vida privada y pública diaria, naturalmente comenzará a cumplir los versículos 15-16 de meditar, considerar, regocijar, y no olvidar la Palabra de Dios regularmente. A través de estos pasos dados por Dios, usted se encontrará diciendo como el Rey David en Salmos 19:7-11, *"La ley de Jehová es perfecta, que convierte el alma; El testimonio de Jehová es fiel, que hace sabio al sencillo. Los mandamientos de Jehová son rectos, que alegran el corazón; El precepto de Jehová es puro, que alumbra los ojos. El temor de Jehová es limpio, que permanece para siempre; Los juicios de Jehová son verdad, todos justos. Deseables son más que el oro, y más que mucho oro afinado; Y dulces más que miel, y que la que destila del panal. Tu siervo es además amonestado con ellos; En guardarlos hay grande galardón."* *"Porque la palabra de Dios es viva y eficaz, y más cortante que toda espada de dos filos; y penetra hasta partir el alma y el espíritu, las coyunturas y los tuétanos, y discierne los pensamientos y las intenciones del corazón"* (Hebreos 4:12).

Usted tiene que tomar el control de sus propios pensamientos y obedecer Filipenses 4:8 que dice, *"Por lo demás, hermanos, todo lo que es verdadero, todo lo honesto, todo lo justo, todo lo puro, todo lo amable, todo lo que es de buen nombre; si hay virtud alguna, si algo digno de alabanza, en esto pensad."* La Biblia es muy clara cuando dice, *"Porque cual es su pensamiento en su corazón, tal es él"* (Proverbios 23:7). Sus pensamientos hoy se convertirán en acciones mañana. Por lo tanto, usted tiene que tomar control de sus pensamientos y rechazar deliberadamente aquellos pensamientos, tentaciones, deseos, etc., que son contrarios a la Palabra de Dios, y que no son verificables. Para hacer esto, tiene que permitir que Dios renueve

Andando en Vida Nueva

su manera de pensar por meditar o concentrárse en Su Palabra *"de día y de noche ... para que guardes y hagas conforme a todo lo que en él está escrito; porque entonces harás prosperar tu camino, y todo te saldrá bien"* (Josué 1:8). Porque *"bienaventurado el varón que no anduvo en consejo de malos, ni estuvo en camino de pecadores, ni en silla de escarnecedores se ha sentado; sino que en la ley de Jehová está su delicia, y en su ley medita de día y de noche. Será como árbol plantado junto a corrientes de aguas, que da su fruto en su tiempo, y su hoja no cae; Y todo lo que hace, prosperará"* (Salmos 1:1-3).

    No hay pensamiento que esté escondido de Dios, o que no afecte su vida (Eclesiastés 12:13-14). No puede ser carnal en su mente, *"porque el ocuparse de la carne es muerte, pero el ocuparse del Espíritu es vida y paz"* (Romanos 8:5-8). Tiene que buscar la ayuda de Dios para cambiar su mente para ser como la Suya, pensar Sus pensamientos y entender las cosas desde Su perspectiva (Santiago 1:5-8). Usted debe decir como el Salmista, *"Oh, cuánto amo yo tu ley! Todo el día es ella mi meditación,"* y reconocer que usted puede decir, *"Más que todos mis enseñadores he entendido, porque tus testimonios son mi meditación"* (Salmos 119:97, 99).

Su Nueva Manera de Pensar

La Instrucción Bíblica acerca de Su Nueva Manera de Pensar

✓ **Isaías 26:3-4** - Cada creyente puede encontrar la paz perfecta en su vida mientras mantiene su mente pensando y confiando en Dios.

✓ **Romanos 6:11-13** - Cada creyente tiene que creerse muerto al pecado y vivir para Dios a través de Jesucristo.

✓ **Romanos 12:16** - Cada creyente tiene que tratar de estar de acuerdo con los demás creyentes por ser humilde de mente.

✓ **Filipenses 4:6-7** - Cada creyente puede disfrutar de la paz mental mientras lleva sus peticiones a Dios en la oración.

✓ **Colosenses 3:5-10** - Cada creyente tiene que reconocer que su forma de pensar antes de ser salvo tiene que ser eliminada y que debe comenzar a renovar su pensamiento por crecer en su conocimiento de Jesucristo.

✓ **I Pedro 4:1-3** - Cada creyente tiene que tener la mente de Jesucristo para separarse del pecado de la carne.

✓ _____ - _____

✓ _____ - _____

✓ _____ - _____

63

Andando en Vida Nueva

✓ _____ - _____

✓ _____ - _____

✓ _____ - _____

✓ _____ - _____

✓ _____ - _____

✓ _____ - _____

✓ _____ - _____

✓ _____ - _____

✓ _____ - _____

✓ _____ - _____

✓ _____ - _____

✓ _____ - _____

Una Investigación Bíblica acerca de Su Nueva Manera de Pensar

Romanos 12:2

1. ¿Qué se requiere para que no se conforme a este mundo?
   _____

Romanos 7:22-25

2. ¿Dónde se combate la ley del pecado?
   _____

3. ¿Quién puede librarlo de la ley del pecado?
   _____

Efesios 6:16, I Juan 2:16, Hebreos 12:2-3

4. ¿A quién tiene que mirar para que no se desmaye en su mente?
   _____

I Timoteo 4:15-16

5. ¿Qué tiene que hacer con la enseñanza y la doctrina de Dios para que se salve a sí mismo y a los que lo escuchen?
   ♦ _____
   ♦ _____

II Corintios 11:3

6. ¿En qué tiene que guardar su mente para no estar extraviado?
   _____

Romanos 8:5-8

7. ¿A quién se opone la enemistad de la mente carnal?
   _____

8. ¿Puede agradar a Dios si su mente se carnal?
   _____

Gálatas 5:19-21

9. ¿Pueden aquellos que no son salvos de una mente carnal y pecados carnales heredar el reino de Dios?
   _____

Efesios 2:3-5

10. Antes de su salvación, ¿qué cumplió?
    ♦ _____
    ♦ _____

Efesios 4:17-24

11. ¿Cómo andan los no salvos?
    _____

Su Nueva Manera de Pensar

12. ¿De quién debe aprender para poder ser liberado de su mente vieja?
    _____

13. ¿Qué debe renovar para que pueda vestirse en el nuevo hombre?
    _____

Tito 2:11-14

14. ¿Qué le enseña la gracia de la salvación?
    11 Porque la gracia de Dios se ha manifestado para salvación a todos los hombres,
    12 enseñándonos que, renunciando a la _____ y a los _____ mundanos, vivamos en este siglo _____, _____ y _____,
    13 aguardando la _____ bienaventurada y la _____ gloriosa de nuestro gran Dios y Salvador Jesucristo,
    14 quien se dio a sí mismo por nosotros para _____ de toda iniquidad y _____ para sí un pueblo propio, celoso de buenas obras.

Gálatas 6:3

15. ¿A quién engaña si cree que usted es algo que no es?
    _____

Romanos 12:3

16. ¿Cómo debe pensar de sí mismo?
    _____

Juan 16:13

17. ¿Qué quiere enseñarle el Espíritu Santo?

   _____

Hechos 17:11

18. ¿Qué tipo de mente debe tener mientras estudia la Palabra de Dios?

   _____

I Corintios 2:9-16

19. ¿Usted tiene la mente de Quién a través del Espíritu Santo?

   _____

Filipenses 2:2-8

20. ¿Qué tipo de mente tiene que tener si quiere estar unido con otros creyentes?

   _____

21. ¿Quién es el ejemplo de ser humilde?

   _____

Mateo 22:37-39

22. ¿Cómo debe amar al Señor su Dios?
    37 Jesús le dijo: Amarás al Señor tu Dios con todo tu corazón, y con toda tu alma, y con _____ tu mente.

I Pedro 1:13-15

23. ¿Qué debe hacer con los lomos de su mente para que pueda pensar sobriamente?

   _____

Salmos 119:9-14

24. ¿Qué tiene que guardar para limpiar sus caminos?

   _____

25. ¿Qué debe hacer con la Palabra de Dios para que pueda limpiar sus caminos?
   10 Con todo mi corazón te he _____; No me dejes desviarme de tus mandamientos.
   11 En mi corazón he _____ tus dichos, Para no pecar contra ti.
   12 Bendito tú, oh Jehová; _____ tus estatutos.
   13 Con mis labios he _____ Todos los juicios de tu boca.
   14 Me he _____ en el camino de tus testimonios Más que de toda riqueza.
   15 En tus mandamientos _____; _____ tus caminos.
   16 Me _____ en tus estatutos; No me _____ de tus palabras.

Salmos 19:7-11

26. ¿Qué es perfecta y convierte el alma?

   _____

27. ¿Qué es fiel y hace al sencillo sabio?

   _____

28. ¿Qué son rectos y alegran el corazón?
    _____

29. ¿Qué es puro y alumbra los ojos?
    _____

30. ¿Qué es limpio y permanece para siempre?
    _____

31. ¿Qué son verdaderos y justos?
    _____

32. ¿Qué debe desear más que el oro?
    _____

33. ¿Qué es más dulce que la miel y la que destila del panal?
    _____

34. ¿Qué amonesta al siervo de Dios?
    _____

35. ¿Qué trae grande galardón cuando se guardan?
    _____

Hebreos 4:12

36. ¿Cuáles son las palabras que describen a la Palabra?
    - ♦ _____
    - ♦ _____
    - ♦ _____

37. ¿Qué discierne la Palabra de Dios?
    - ♦ _____
    - ♦ _____

Filipenses 4:8

38. ¿En qué debe pensar?

    8 Por lo demás, hermanos, todo lo que es _____, todo lo _____, todo lo ____, todo lo ___, todo lo _____, todo lo que es de _____ nombre; si hay virtud alguna, si algo digno de alabanza, en esto pensad.

Proverbios 23:7

39. ¿Qué determina quién es usted?

Josué 1:8

40. ¿En qué debe meditar?

41. ¿Cuál es la recompensa por observar lo que dice la Palabra de Dios?
    ♦ _____
    ♦ _____

Salmos 1:1-3

42. ¿Con qué frecuencia debe meditar en la Palabra de Dios?

Eclesiastés 12:13-14

43. ¿Cuál es su deber?
    13 El fin de todo el discurso oído es este: ____ a Dios, y _____ sus mandamientos; porque esto es el todo del hombre.

44. ¿Lo juzgará Dios por cosas secretas?
    _____

Santiago 1:5-8

45. ¿Qué debe hacer para recibir la sabiduría de Dios?
    _____

Salmos 119:97

46. Si ama la Palabra de Dios, ¿cuánto tiempo meditará en ella?
    _____

Salmos 119:99

47. ¿Cuál será el resultado de meditar en la Palabra de Dios?
    _____

Notas Personales acerca de Su Nueva Manera de Pensar

Andando en Vida Nueva

Capítulo 9

Su Nueva Hambre Espiritual

I Pedro 2:1-3
Desechando, pues,
toda malicia, todo engaño,
hipocresía, envidias, y todas las detracciones,
desead, como niños recién nacidos,
la leche espiritual no adulterada,
para que por ella crezcáis para salvación,
si es que habéis gustado la benignidad del Señor.

Capítulo 9

Su Nueva Hambre Espiritual

Una Introducción Bíblica a Su Nueva Hambre Espiritual

I Pedro 2:1-3 explica la importancia de que la Palabra de Dios sea parte de la vida espiritual de cada nuevo creyente. Comienza por ordenar que cada creyente sea *"desechando, pues, toda malicia, todo engaño, hipocresía, envidias, y todas las detracciones."* A continuación, explica el proceso mediante el cual tal comando puede lograrse diciendo, *"desead, como niños recién nacidos, la leche espiritual no adulterada, para que por ella crezcáis para salvación." Concluye proporcionando la motivación para permitir que la Palabra de Dios cambie su vida cuando dice, "si es que habéis gustado la benignidad del Señor."*

En su salvación, usted nació de nuevo a una nueva vida espiritual a través de la obra completa de Jesucristo (Romanos 6:4). Ahora usted tiene la responsabilidad de madurar espiritualmente al participar del alimento espiritual a través de la Palabra de Dios. Así como un bebé tiene hambre de tomar leche y crece mientras disfruta su alimentación, usted crecerá espiritualmente mientras disfruta leyendo, meditando y viviendo la Palabra de Dios. A medida que crece, comenzará a ser capaz de disfrutar no sólo la leche de la Palabra (verdades básicas sobre el pecado, la salvación, etc.), sino también la carne de la Palabra (verdades profundas sobre Dios, vida cristiana, etc.), para que, mediante su mayor entendimiento, pueda obtener el discernimiento espiritual del bien y del mal (Hebreos 5:12-14).

Andando en Vida Nueva

El Apóstol Pablo, sabiendo la importancia de la Palabra de Dios para la salvación, así como para una vida cristiana madura, dijo a Timoteo, *"persiste tú en lo que has aprendido y te persuadiste, sabiendo de quién has aprendido; y que desde la niñez has sabido las Sagradas Escrituras, las cuales te pueden hacer sabio para la salvación por la fe que es en Cristo Jesús"* (II Timoteo 3:14-15). La Palabra de Dios fue suficiente para revelar la salvación a Timoteo, y fue suficiente para mostrar a Timoteo cómo vivir luego de su salvación. Porque *"toda la Escritura es inspirada por Dios, y útil para enseñar, para redargüir, para corregir, para instruir en justicia, a fin de que el hombre de Dios sea perfecto, enteramente preparado para toda buena obra"* (II Timoteo 3:16-17).

Es el plan de Dios de bendecirle en su nueva vida, sin embargo tiene que elegir en seguir el patrón dado en Salmos 1:1-3, que dice, *"Bienaventurado el varón que no anduvo en consejo de malos, ni estuvo en camino de pecadores, ni en silla de escarnecedores se ha sentado; sino que en la ley de Jehová está su delicia, Y en su ley medita de día y de noche. Será como árbol plantado junto a corrientes de aguas, que da su fruto en su tiempo, y su hoja no cae; y todo lo que hace, prosperará."* Usted tiene que elegir diariamente el rechazar las filosofías y estilos de vida de este mundo y meditar y aplicar la Palabra de Dios en cada área de su vida. Tiene que obedecer el mandato de Dios dado a todos los creyentes de desechar *"toda inmundicia y abundancia de malicia, recibid con mansedumbre la palabra implantada, la cual puede salvar vuestras almas. Pero sed hacedores de la palabra, y no tan solamente oidores, engañándoos a vosotros mismos. Porque si alguno es oidor de la palabra pero no hacedor de ella, éste es semejante al hombre que considera en un espejo su rostro natural. Porque él se considera a sí mismo, y se va, y luego olvida cómo era. Mas el que mira atentamente en la perfecta ley, la de la libertad, y persevera en ella, no siendo oidor olvidadizo, sino hacedor de la obra, éste será bienaventurado en lo que hace"* (Santiago 1:21-25).

Su Nueva Hambre Espiritual

Porque "*habéis gustado la benignidad del Señor*" a través del mensaje de salvación que se encuentra en la Biblia, naturalmente debe tener un apetito de aprender más acerca de Dios y Su voluntad para su vida, la cual sólo puede ser satisfecha leyendo más y pensando en Su Palabra (I Pedro 2:3). Usted tiene que decir como el Salmista, "*Mejor me es la ley de tu boca que millares de oro y plata,*" "*sumamente pura es tu palabra, la ama tu siervo*" (Salmos 119:72, 140). Entonces aprenderás a decir como el rey David, "*La ley de Jehová es perfecta, que convierte el alma; El testimonio de Jehová es fiel, que hace sabio al sencillo. Los mandamientos de Jehová son rectos, que alegran el corazón; el precepto de Jehová es puro, que alumbra los ojos. El temor de Jehová es limpio, que permanece para siempre; los juicios de Jehová son verdad, todos justos. Deseables son más que el oro, y más que mucho oro afinado; y dulces más que miel, y que la que destila del panal. Tu siervo es además amonestado con ellos; en guardarlos hay grande galardón*" (Salmos 19:7-11). "*Dios, Dios mío eres tú; De madrugada te buscaré; mi alma tiene sed de ti, mi carne te anhela, en tierra seca y árida donde no hay aguas, para ver tu poder y tu gloria, así como te he mirado en el santuario. Cuando me acuerde de ti en mi lecho, cuando medite en ti en las vigilias de la noche. Porque has sido mi socorro, y así en la sombra de tus alas me regocijaré*" (Salmos 63:1-2, 6-7).

Usted tiene que elegir en seguir el ejemplo de los nuevos creyentes en Berea que, "*recibieron la palabra con toda solicitud, escudriñando cada día las Escrituras para ver si estas cosas eran así*" (Hechos 17:10-11). Tiene que reservar tiempo a diario para leer, estudiar, memorizar, y compartir con otros el mismo libro que ha cambiado su vida, la Palabra de Dios, la Biblia (II Timoteo 2:15).

La Instrucción Bíblica acerca de Su Nueva Hambre Espiritual

✓ **Deuteronomio 6:4-19** - La Palabra de Dios debe ser exhibida, hablada, y enseñada de una generación a otra.

✓ **Romanos 10:17** - La Palabra de Dios debe ser escuchada para que la fe crezca.

✓ **I Corintios 3:1-3** - La carne de la Palabra de Dios no puede ser recibida por los cristianos carnales.

✓ **II Pedro 1:16-21** - La Palabra de Dios siempre puede ser confiable y es para que todas las personas la lean y estudien.

✓ **Hebreos 4:12** - La Palabra de Dios está viva, y penetra hasta el alma del hombre.

✓ _____ - _____

✓ _____ - _____

✓ _____ - _____

✓ _____ - _____

✓ _____ - _____

Andando en Vida Nueva

✓ _____ - _____

✓ _____ - _____

✓ _____ - _____

✓ _____ - _____

✓ _____ - _____

✓ _____ - _____

✓ _____ - _____

✓ _____ - _____

✓ _____ - _____

✓ _____ - _____

✓ _____ - _____

✓ _____ - _____

Una Investigación Bíblica acerca de
Su Nueva Hambre Espiritual

I Pedro 2:1-3

1. ¿Qué quiere Dios que quite de su nueva vida espiritual?
   1 Desechando, pues, toda _____, todo _____, _____, _____, y todas las _____,

2. ¿Para cuál cosa quiere Dios que tenga hambre para que pueda crecer en su nueva vida espiritual?

3. ¿Para qué debe disfrutar la Palabra de Dios?

4. ¿Por qué debe tener apetito por la Palabra de Dios?

Romanos 6:4

5. ¿Qué tipo de vida quiere Dios que tenga después de haber aceptado a Jesucristo como su Salvador?

Hebreos 5:12-14

6. La leche de la Palabra de Dios es para ¿qué tipo de cristiano?

7. ¿Qué debe hacer para que pueda disfrutar la carne de la Palabra de Dios?
   _____

8. ¿Cuál será el resultado de cuando usted sea capaz de usar la carne de la Palabra de Dios?
   _____

II Timoteo 3:14-17

9. ¿Qué lo ha hecho a usted sabio para la salvación?
   _____

10. ¿Quién inspiró las Escrituras?
    _____

11. ¿Para qué son útiles las Escrituras (la Biblia) en su vida?
    - Para _____
    - Para _____
    - Para _____
    - Para _____ en justicia

12. ¿Cuáles son los resultados de permitir que la Palabra de Dios funcione en su vida?
    - Voy a ser _____ (maduro)
    - Voy a ser enteramente _____ para toda buena obra

Salmos 1:1-3

13. ¿Cuáles son las tres cosas que no debe hacer para que sea bendecido por Dios?
    - No _____ en el consejo de los malos
    - No _____ en el camino de los pecadores
    - No _____ en la silla de los escarnecedores

14. ¿Cuál debe ser su deleite, y en qué debe meditar (pensar) día y noche, para que pueda ser bendecido por Dios?
    _____

15. ¿Cuál será el resultado de rechazar el pecado mientras piensa y aplica la Palabra de Dios a su vida?
    _____

Santiago 1:21-25

16. ¿Cuáles son las dos cosas que tiene que desechar?
    - _____
    - _____

17. ¿Qué tiene que recibir con mansedumbre?
    _____

18. Después de escuchar la Palabra de Dios, ¿qué tiene que hacer con ella?
    _____

19. ¿Le bendecirá Dios si oye Su Palabra pero no la obedece?
    _____

Salmos 119:72, 140

20. A usted, la Palabra de Dios ¿debe ser mejor que cuales cosas?
    ♦ Millares de ____
    ♦ Millares de _____

21. ¿Por qué debe amar la Palabra de Dios?
    _____

Salmos 19:7-11

22. Describa la Palabra de Dios.
    7 La ley de Jehová es _____, que convierte el alma; El testimonio de Jehová es ____, que hace sabio al sencillo.
    8 Los mandamientos de Jehová son _____, que alegran el corazón; El precepto de Jehová es ____, que alumbra los ojos.
    9 El temor de Jehová es _____, que _____ para siempre; Los juicios de Jehová son _____, todos _____.
    10 _____ son más que el oro, y más que mucho oro afinado; Y _____ más que miel, y que la que destila del panal.
    11 Tu siervo es además amonestado con ellos; En guardarlos hay grande galardón.

23. Describa los resultados de la Palabra de Dios en su vida.
    7 La ley de Jehová es perfecta, que _____ el alma; El testimonio de Jehová es fiel, que hace _____ al sencillo.
    8 Los mandamientos de Jehová son rectos, que _____ el corazón; El precepto de Jehová es puro, que _____ los ojos.
    9 El temor de Jehová es limpio, que permanece para siempre; Los juicios de Jehová son verdad, todos justos.
    10 Deseables son más que el oro, y más que mucho oro afinado; Y dulces más que miel, y que la que destila del panal.
    11 Tu siervo es además _____ con ellos; En guardarlos hay grande _____.

Salmos 63:1-11

24. ¿Cuándo debería buscar a Dios?
    _____

25. ¿Cuándo debería recordar y meditar en Dios y en Sus obras?
    _____

Hechos 17:10-11

26. ¿Cómo recibieron los creyentes en Berea la Palabra de Dios?
    _____

27. ¿Qué hacían los creyentes con la Palabra de Dios diariamente?
    _____

II Timoteo 2:15

28. ¿Qué debe hacer con la Palabra de Dios?
    15 _____ con diligencia presentarte a Dios aprobado, como obrero que no tiene de qué avergonzarse, que __ bien la palabra de verdad.

Notas Personales acerca de Su Nueva Hambre Espiritual

Capítulo 10

Su Nuevo Acceso al Trono de Gracia

Hebreos 4:14-16
Por tanto,
teniendo un gran sumo sacerdote que traspasó los cielos,
Jesús el Hijo de Dios,
retengamos nuestra profesión.
Porque no tenemos un sumo sacerdote
que no pueda compadecerse de nuestras debilidades,
sino uno que fue tentado en todo
según nuestra semejanza,
pero sin pecado.
Acerquémonos, pues,
confiadamente al trono de la gracia,
para alcanzar misericordia
y hallar gracia para el oportuno socorro.

Capítulo 10

Su Nuevo Acceso al Trono de la Gracia

Una Introducción Bíblica a Su Nuevo Acceso al Trono de la Gracia

Hebreos 4:14-16 anima a cada creyente en su tiempo de necesidad a *"acerquémonos, pues, confiadamente al trono de la gracia, para alcanzar misericordia y hallar gracia para el oportuno socorro."* Porque ellos tienen *"un gran sumo sacerdote que traspasó los cielos, Jesús el Hijo de Dios,"* que *"pueda compadecerse de nuestras debilidades,"* porque Él *"fue tentado en todo según nuestra semejanza, pero sin pecado."* Jesucristo vivió en esta tierra y experimentó las mismas luchas y tentaciones que cada persona enfrenta pero nunca pecó. Por esta razón, Él le entiende y desea cuidar cada una de sus necesidades y peticiones de oración para ayudarlo a vivir santo durante cada una de las situaciones en su vida. Él lo anima a usted a presentar sus necesidades y peticiones de oración delante del trono de la gracia para que pueda disfrutar de la gracia y misericordia ilimitadas de Dios para cada una de las situaciones de su vida.

Jesucristo quiere que usted esté confiado, o seguro, para pedirle Su ayuda. No hay necesidad de tener miedo o timidez cuando ora a Dios por ayuda para cualquier petición. El Apóstol Pablo enseñó a los creyentes a que *"por nada estéis afanosos, sino sean conocidas vuestras peticiones delante de Dios en toda oración y ruego, con acción de gracias. Y la paz de Dios, que sobrepasa todo entendimiento, guardará vuestros corazones y vuestros pensamientos en Cristo Jesús"* (Filipenses 4:6-7). No hay nada demasiado grande o pequeño para llevar al trono de la

Andando en Vida Nueva

gracia en oración, porque Dios es el *"Padre de misericordias y Dios de toda consolación, el cual nos consuela en todas nuestras tribulaciones, para que podamos también nosotros consolar a los que están en cualquier tribulación, por medio de la consolación con que nosotros somos consolados por Dios"* (II Corintios 1:3-4).

Santiago 1:5-7 aclara la razón por la cual usted debe hacer sus peticiones confiadamente delante de Dios diciendo, *"Y si alguno de vosotros tiene falta de sabiduría, pídala a Dios, el cual da a todos abundantemente y sin reproche, y le será dada. Pero pida con fe, no dudando nada; porque el que duda es semejante a la onda del mar, que es arrastrada por el viento y echada de una parte a otra. No piense, pues, quien tal haga, que recibirá cosa alguna del Señor."* Su confianza en la oración se basa en su fe de que Jesucristo ha provisto la entrada al Lugar Santísimo de Dios Padre. Hebreos 10:19-23 explica diciendo, *"Así que, hermanos, teniendo libertad para entrar en el Lugar Santísimo por la sangre de Jesucristo, por el camino nuevo y vivo que él nos abrió a través del velo, esto es, de su carne, y teniendo un gran sacerdote sobre la casa de Dios, acerquémonos con corazón sincero, en plena certidumbre de fe, purificados los corazones de mala conciencia, y lavados los cuerpos con agua pura. Mantengamos firme, sin fluctuar, la profesión de nuestra esperanza, porque fiel es el que prometió"* (Marcos 15:37-38). Dios, en Su cuidado personal por usted y el deseo de que personalmente busque Su ayuda en cualquier momento, por cualquier razón, ha puesto a su disposición Su ayuda personal durante su tiempo de oración a través del Espíritu Santo. Romanos 8:26-27 dice, *"Y de igual manera el Espíritu nos ayuda en nuestra debilidad; pues qué hemos de pedir como conviene, no lo sabemos, pero el Espíritu mismo intercede por nosotros con gemidos indecibles. Mas el que escudriña los corazones sabe cuál es la intención del Espíritu, porque conforme a la voluntad de Dios intercede por los santos."* Incluso, cuando no sabe para qué debe orar o cómo expresar los deseos y las cargas de su corazón, Dios promete que el Espíritu

Su Nuevo Acceso al Trono de Gracia

Santo hablará en su lugar y que Dios Padre recibirá Sus peticiones por usted.

En Lucas 11:1, uno de los discípulos de Jesucristo, después de observarlo orar en muchas ocasiones, le dijo *"Señor, enséñanos a orar, como también Juan enseñó a sus discípulos."* En versículos 2-4 Jesús responde amablemente compartiendo con ellos "El Padre Nuestro," en el cual Él provee cuatro asuntos importantes que debe incluir en su tiempo de oración. Primero, dio gloria a Dios, diciendo, *"Padre nuestro que estás en los cielos, santificado sea tu nombre."* Segundo, pidió que la voluntad de Dios se cumpliera por decir, *"Venga tu reino. Hágase tu voluntad, como en el cielo, así también en la tierra."* Tercero, Él pidió por las necesidades físicas personales cuando dijo, *"El pan nuestro de cada día, dánoslo hoy."* Cuarto, Él pidió por las necesidades y la protección espiritual, diciendo, *"Y perdónanos nuestros pecados, porque también nosotros perdonamos a todos los que nos deben. Y no nos metas en tentación, mas líbranos del mal."* Cada uno de estos cuatro principios deben ser parte de sus oraciones a Dios, porque Él merece toda la gloria y usted debe depender en Él para todas las cosas.

El Apóstol Pablo, después de hablar de la guerra espiritual y la armadura de Dios para el creyente en Efesios 6:10-17, dijo en los versículos 18-20 que los creyentes deben estar *"orando en todo tiempo con toda oración y súplica en el Espíritu, y velando en ello con toda perseverancia y súplica por todos los santos; y por mí, a fin de que al abrir mi boca me sea dada palabra para dar a conocer con denuedo el misterio del evangelio, por el cual soy embajador en cadenas; que con denuedo hable de él, como debo hablar."* Él fue muy claro en que los creyentes deben estar orando el uno por el otro, y por los líderes espirituales. I Timoteo 2:1-4 dijo también, *"Exhorto ante todo, a que se hagan rogativas, oraciones, peticiones y acciones de gracias, por todos los hombres; por los reyes y por todos los que están en eminencia, para que vivamos quieta y reposadamente en toda piedad y honestidad. Porque esto es bueno y agradable delante de Dios nuestro Salvador, el cual quiere que todos los hombres sean salvos y vengan al conocimiento de la verdad.*" La oración debe ser hecha a Dios por los líderes políticos y los incrédulos en general, ambos por la tranquilidad social y por su salvación a través de Jesucristo.

Después de ofrecer a sus discípulos un ejemplo de oración, Jesús continuó compartiendo con ellos la fidelidad de Dios para responder a la oración, presentándoles dos parábolas sobre el pedir y el recibir (Lucas 11:5-8, 11-13). También tranquilizó a Sus discípulos por decir, "*Pedid, y se os dará; buscad, y hallaréis; llamad, y se os abrirá. Porque todo aquel que pide, recibe; y el que busca, halla; y al que llama, se le abrirá*" (Lucas 11:9-10). Usted tiene que ir delante del trono de la gracia con la confianza en que Dios siempre responderá a su petición basado en lo que Él sabe es mejor para usted.

En Mateo 6:5-8, antes de que Jesús le presentara "El Padre Nuestro" a Sus discípulos, Él explicó algunos principios importantes acerca de la oración. En los versículos 5-6 les enseñó que no deben orar en público para obtener la aprobación del hombre, sino en privado para recibir la bendición de Dios. En los versículos 7-8, les enseñó que no deben orar con vana repetición, porque eso es lo que hacen los incrédulos y los tranquilizó diciendo, "*ora a tu Padre que está en secreto; y tu Padre que ve en lo secreto te recompensará en público ... porque vuestro Padre sabe de qué cosas tenéis necesidad, antes que vosotros le pidáis*" (Mateo 6:6, 8). Usted tiene que confiar en Dios para cada una de sus necesidades. Tiene que depender en que el Dios que le salvó su alma por toda la eternidad puede protegerlo y proveerle para cada una de las situaciones de su vida en esta tierra. Tiene que ir con confianza delante del "*trono de la gracia, para alcanzar misericordia y hallar gracia para el oportuno socorro*" (Hebreos 4:16). Usted tiene que obedecer a Dios por "*orad sin cesar. Dad gracias en todo, porque esta es la voluntad de Dios para con vosotros en Cristo Jesús*" (I Tesalonicenses 5:17-18).

Su Nuevo Acceso al Trono de Gracia

La Instrucción Bíblica acerca de
Su Nuevo Acceso al Trono de la Gracia

- ✓ **Mateo 18:19-20, Hechos 1:13-14** - Los creyentes deben disfrutar la oportunidad de orar juntos.

- ✓ **Lucas 18:1-8** - Los creyentes deben ser fervientes y fieles en la oración.

- ✓ **Juan 15:7, I Juan 3:22** - Los creyentes deben estar seguros que cuando siguen la Palabra de Dios, Él responderá a sus oraciones.

- ✓ **Efesios 6:18-20** - Los creyentes deben orar los unos por los otros y por el liderazgo espiritual.

- ✓ **Colosenses 4:2** - Los creyentes deben hacer su oración continuamente con acción de gracias.

- ✓ **Santiago 4:1-3** - Los creyentes tienen falta de un deseo o una necesidad cuando no oran o usan mal la oración.

- ✓ **Santiago 5:14-18** - Los creyentes deben orar por los enfermos.

- ✓ **I Juan 5:14-15** - Los creyentes deben estar seguros que cuando oran de acuerdo a la voluntad de Dios, Él oirá sus peticiones.

- ✓ **I Timoteo 2:1-4, 8** - Los creyentes deben orar por todos los hombres, incluyendo los líderes gubernamentales.

Andando en Vida Nueva

✓ _____ - _____
_____

✓ _____ - _____
_____

✓ _____ - _____
_____

✓ _____ - _____
_____

✓ _____ - _____
_____

✓ _____ - _____
_____

✓ _____ - _____
_____

✓ _____ - _____
_____

✓ _____ - _____
_____

✓ _____ - _____
_____

✓ _____ - _____
_____

✓ _____ - _____
_____

Una Investigación Bíblica acerca de
Su Nuevo Acceso al Trono de la Gracia

Hebreos 4:14-16

1. ¿Quién es su Gran Sumo Sacerdote?

2. ¿Su Gran Sumo Sacerdote conoce y entiende sus luchas diarias?

3. ¿Cómo debe venir ante el trono de la gracia con sus peticiones y necesidades en oración?

4. ¿Qué le proporciona Jesucristo cuando se presenta ante el trono de la gracia?
    ♦
    ♦

Filipenses 4:6-7

5. ¿Por cuáles cosas debe orar?

6. ¿Qué le ofrece Dios cuando le comparte sus peticiones a Él?

II Corintios 1:3-4

7. ¿Quién es el Padre de misericordias y el Dios de toda consolación?

8. ¿Para cuáles tribulaciones Dios le ofrece Su consuelo?

Santiago 1:5-7

9. ¿Qué se le manda a hacer si le falta la sabiduría?

10. ¿En qué manera Dios le provee sabiduría cuando usted le pide?

11. ¿Cómo le debe pedir a Dios la sabiduría?

Hebreos 10:19-23
Marcos 15:37-38

12. ¿Cómo puede entrar al Lugar Santísimo para su tiempo de oración?

13. ¿Qué precio fue pagado por hacer una entrada para usted al Lugar Santísimo?

14. ¿Es Dios fiel al cumplir Sus promesas de salvarle y cuidar de usted?
   _____

Romanos 8:26-27

15. ¿Quién lo ayuda cuando no sabe cómo orar?
   _____

Lucas 11:1-13

16. ¿Cuál fue el ejemplo de oración que Jesús les dio a Sus discípulos para enseñarles a cómo orar?
   2 Y les dijo: Cuando oréis, decid: _____ nuestro que estás en los cielos, _____ sea tu nombre. Venga tu _____. Hágase tu _____, como en el cielo, así también en la tierra.
   3 El _____ nuestro de cada día, dánoslo hoy.
   4 Y _____ nuestros pecados, porque también nosotros _____ a todos los que nos deben. Y no nos metas en tentación, mas _____ del mal.

17. ¿Cuáles son las dos parábolas que les dio Jesús a Sus discípulos para enseñarles acerca de la voluntad de Dios de oír y responder a sus peticiones?
   ◆ _____
   ◆ _____

18. ¿Podrá Dios proveerle para sus necesidades si le pide Su ayuda?
   _____

Efesios 6:10-20

19. ¿Porqué usted tiene que vestirse con la armadura de Dios?
    _____
    _____

20. ¿Cómo debe orar por los otros creyentes y los líderes espirituales?
    18 orando en todo _____ con toda _____ y _____ en el Espíritu, y _____ en ello con toda _____ y súplica por todos los santos;
    19 y por mí, a fin de que al abrir mi ___ me sea dada _____ para dar a conocer con _____ el misterio del _____,

I Timoteo 2:1-4

21. ¿Por cuántas personas debe orar?
    _____

22. ¿Cuáles son las dos razones para orar por los líderes políticos?
    ♦ *"Para que vivamos _____ y _____ en toda _____ y _____."*
    ♦ Para *"que todos los hombres sean _____ y vengan al _____ de la verdad."*

Mateo 6:5-8

23. ¿Debe orar para ser visto de los hombres, o ser escuchado por Dios?
    _____

24. ¿Debe usar repeticiones vanas en sus oraciones?
    _____

25. ¿Conoce Dios sus necesidades?
   _____

I Tesalonicenses 5:17-18

26. ¿Debe dejar de orarle a Dios?
   _____

27. ¿Para cuáles cosasle debe dar gracias a Dios?
   _____

Notas Personales acerca de Su Nuevo Acceso al Trono de la Gracia

Capítulo 11

El Nuevo Dueño de Su Cuerpo

I Corintios 6:19-20
¿O ignoráis
que vuestro cuerpo es templo del Espíritu Santo,
el cual está en vosotros,
el cual tenéis de Dios,
y que no sois vuestros?
Porque habéis sido comprados por precio;
glorificad, pues, a Dios en vuestro cuerpo
y en vuestro espíritu,
los cuales son de Dios.

Capítulo 11

El Nuevo Dueño de Su Cuerpo

Una Introducción Bíblica al Nuevo Dueño de Su Cuerpo

I Corintios 6:19-20 le indica muy claro en que después de recibir a Jesucristo como su Salvador personal y comenzar su vida nueva, su cuerpo ya no le pertenece a usted. Dice, *"¿O ignoráis ... que no sois vuestros? Porque habéis sido comprados por precio." El precio pagado por su vida, cuerpo, y alma no fue por bienes de este mundo, sino más bien "con la sangre preciosa de Cristo, como de un cordero sin mancha y sin contaminación"* (I Pedro 1:18-19). Con ese pago, Dios ha comprado los derechos de vivir y trabajar a través de su cuerpo. Él ha declarado, *"que vuestro cuerpo es templo del Espíritu Santo"* (I Corintios 6:19). En el mismo momento de su fe en Jesucristo, Dios le ha enviado un Consolador, el Espíritu Santo (Juan 14:15-17, como fue estudiado en el capítulo 3, Su Nuevo Consolador). Este Consolador vive en usted y quiere ayudarlo a glorificar a Dios con cada parte de su ser mientras aún vive en la tierra. Debido a que Dios lo ha elegido amorosamente para vivir en usted y hacer que su cuerpo sea Su templo, usted tiene que *"glorificad, pues, a Dios en vuestro cuerpo y en vuestro espíritu, los cuales son de Dios"* (I Corintios 6:20).

En el momento de su salvación, usted fue hecho una *"nueva criatura ... las cosas viejas pasaron; he aquí todas son hechas nuevas"* (II Corintios 5:17). Con el aprecio abundante por su nueva vida que Dios le ha dado, debe decir como el Apóstol Pablo, *"conforme a mi anhelo y esperanza de que en nada seré avergonzado; antes bien con toda confianza, como siempre, ahora también será magnificado Cristo en mi cuerpo, o por vida o por muerte. Porque para mí el vivir es Cristo, y el morir es ganancia*" (Filipenses 1:20-21). Glorificar a Dios con cada pensamiento, palabra y acción debe ser su mayor meta. Debe ser lo que le motive a hacer lo que es santo y le impida hacer lo que es pecaminoso. Romanos 6:12-13 lo dice de esta manera, "*No reine, pues, el pecado en vuestro cuerpo mortal, de modo que lo obedezcáis en sus concupiscencias; ni tampoco presentéis vuestros miembros al pecado como instrumentos de iniquidad, sino presentaos vosotros mismos a Dios como vivos de entre los muertos, y vuestros miembros a Dios como instrumentos de justicia.*"

En Romanos 12:1-2, el Apóstol Pablo ruega a los creyentes "*que presentéis vuestros cuerpos en sacrificio vivo, santo, agradable a Dios, que es vuestro culto racional. No os conforméis a este siglo, sino transformaos por medio de la renovación de vuestro entendimiento, para que comprobéis cuál sea la buena voluntad de Dios, agradable y perfecta.*" Así como un sacrificio es ofrecido en reverencia y adoración a Dios, tiene que vivir su vida en reverencia y adoración a Dios, solo permitiendo que su cuerpo sea usado para Su gloria. Tiene que permitir que el Espíritu Santo tenga autoridad sobre su cuerpo, y que lo guíe a través de la Palabra de Dios para que no profane Su templo (I Corintios 3:16-17). No puede permitir que el templo de Dios sea contaminado con cosas, pensamientos, o acciones mundanas (II Corintios 6:15-18). Para guardar el templo de Dios puro, tiene que aprender el autocontrol y la disciplina espiritual. Usted tiene que decir como el Apóstol Pablo "*que golpeo mi cuerpo, y lo pongo en servidumbre, no sea que habiendo sido heraldo para otros, yo mismo venga a ser eliminado*" (I Corintios 9:27). Tiene que buscar siempre a "*serle agradables. Porque es necesario que todos nosotros comparezcamos ante el tribunal de Cristo, para que cada uno reciba según lo que haya hecho mientras estaba en el cuerpo, sea bueno o sea malo*" (II Corintios 5:9-10, Eclesiastés 12:13-14). Tiene que dedicarse de que "*si, pues, coméis o bebéis, o hacéis otra cosa, hacedlo todo para la gloria de Dios*" (I Corintios 10:31).

La Instrucción Bíblica acerca de Nuevo Dueño de Su Cuerpo

- ✓ **Romanos 6:11-22** - Cada creyente tiene que elegir de servir a Dios con su cuerpo en vez de servir al pecado.

- ✓ **II Corintios 4:10-11** - Cada creyente tiene que elegir de permitir que Jesucristo viva a través de su cuerpo.

- ✓ **Filipenses 1:20** - Cada creyente tiene que elegir de usar su cuerpo para glorificar a Jesucristo en vida o muerte.

- ✓ **I Tesalonicenses 5:23** - Cada creyente tiene que esforzarse en mantener su cuerpo puro hasta la venida de Jesucristo.

- ✓ **I Pedro 4:1-2** - Cada creyente tiene que elegir en usar su cuerpo para cumplir la voluntad de Dios en lugar de los deseos de los hombres.

- ✓ _____ - _____

- ✓ _____ - _____

- ✓ _____ - _____

- ✓ _____ - _____

- ✓ _____ - _____

Andando en Vida Nueva

- ✓ _____ - _____
- ✓ _____ - _____
- ✓ _____ - _____
- ✓ _____ - _____
- ✓ _____ - _____
- ✓ _____ - _____
- ✓ _____ - _____
- ✓ _____ - _____
- ✓ _____ - _____
- ✓ _____ - _____
- ✓ _____ - _____
- ✓ _____ - _____

Una Investigación Bíblica acerca del Nuevo Dueño de Su Cuerpo

I Corintios 6:19-20

1. Su cuerpo es el templo ¿de Quién, después de su salvación?
   _____

2. ¿Quién es el dueño de su cuerpo?
   _____

3. ¿Con cuáles cosas debe glorificar a Dios?
   - _____
   - _____

I Pedro 1:18-19

4. ¿Qué precio fue pagado por su vida?
   _____

Juan 14:15-17

5. ¿Qué prueba cuando guarda los mandamientos de Dios?
   _____

6. ¿A Quién le ha dado Dios para morar en su cuerpo después de la salvación?
   El Espíritu Santo

II Corintios 5:17

7. ¿Qué le ha hecho Dios en su salvación?
   _____

Filipenses 1:20-21

8. ¿Quién debe ser magnificado (glorificado) con su cuerpo?
   _____

Romanos 6:12-13

9. ¿Qué no debe tener autoridad sobre su cuerpo?
   _____

10. ¿Qué no debe hacer con su cuerpo?
    _____

11. ¿A qué le debe ceder su cuerpo para hacer?
    _____

Romanos 12:1-2

12. ¿Cómo debe presentar su cuerpo a Dios?
    _____

13. ¿Qué tipo de servicio es su vida para Dios?
    _____

14. ¿Cuál es la buena, aceptable, y perfecta voluntad de Dios para tu vida?
   _____

I Corintios 3:16-17

15. ¿Cómo debe mantener su cuerpo porque es el templo del Espíritu Santo?
   _____

I Corintios 9:27

16. ¿Por qué debe mantener su cuerpo bajo servidumbre?
   _____

II Corintios 5:9-10
Eclesiastés 12:13-14

17. ¿A Quién le va a dar cuenta de lo que hace con su cuerpo?
   _____

I Corintios 10:31

18. ¿Cuándo debe glorificar a Dios con su cuerpo?
    - _____
    - _____
    - _____

Notas Personales Acerca del Nuevo Dueño de Su Cuerpo

Capítulo 12

Su Nuevo Estilo de Vivir

Efesios 4:20-24
Mas vosotros no habéis aprendido así a Cristo,
si en verdad le habéis oído,
y habéis sido por él enseñados,
conforme a la verdad que está en Jesús.
En cuanto a la pasada manera de vivir,
despojaos del viejo hombre,
que está viciado conforme a los deseos engañosos,
y renovaos en el espíritu de vuestra mente,
y vestíos del nuevo hombre,
creado según Dios en la justicia y santidad de la verdad.

Capítulo 12

Su Nuevo Estilo de Vivir

Una Introducción Bíblica a Su Nuevo Estilo de Vivir

En Efesios 4:17-24 el Apóstol Pablo enseña de manera autoritaria que usted debe separarse de su antiguo estilo de vivir y comenzar a aplicar uno nuevo que sigue la santidad de Dios. Él dice, *"Esto, pues, digo y requiero en el Señor: que ya no andéis como los otros gentiles, que andan en la vanidad de su mente, ... Mas vosotros no habéis aprendido así a Cristo, ... En cuanto a la pasada manera de vivir, despojaos del viejo hombre, ... y vestíos del nuevo hombre, creado según Dios en la justicia y santidad de la verdad."* Este proceso de transformación debe comenzar con una renovación de su manera de pensar (como se estudia en el capítulo 8, Su Nueva Mente), lo que naturalmente resultará en una transformación de su discurso, actitudes y acciones (Efesios 4:17-23, Romanos 12:1-3). Mientras usted es enseñado por Jesucristo y por la salvación que Él le ha proveído, aprenderá que siempre debe estar *"renunciando a la impiedad y a los deseos mundanos, vivamos en este siglo sobria, justa y piadosamente, aguardando la esperanza bienaventurada y la manifestación gloriosa de nuestro gran Dios y Salvador Jesucristo, quien se dio a sí mismo por nosotros para redimirnos de toda iniquidad y purificar para sí un pueblo propio, celoso de buenas obras"* (Tito 2:11-14).

Usted nació con un *"hombre viejo,"* o una naturaleza pecaminosa, que fue *"conforme a los deseos engañosos,"* (Efesios 4:22). Pero, cuando usted aceptó a Jesucristo como su Salvador personal, su *"viejo hombre fue crucificado juntamente con él"* (Romanos 6:6). En el mismo instante en que creyó en

Andando en Vida Nueva

Jesucristo, usted fue creado como una *"nueva criatura ... las cosas viejas pasaron; he aquí todas son hechas nuevas"* (II Corintios 5:17). Le dieron un *"nuevo hombre, creado según Dios en la justicia y santidad de la verdad"* (Efesios 4:24). Por lo tanto, tiene que elegir en vivir de acuerdo con su nuevo hombre, rechazando al viejo hombre y su estilo de vivir, o hábitos pecaminosos. Al quitar los hábitos de vida de su hombre viejo y comenzar a reemplazarlos por las enseñanzas y el ejemplo de Jesucristo, comenzará a disfrutar de una nueva vida de santidad. I Pedro 2:21-24 dice, *"Cristo padeció por nosotros, dejándonos ejemplo, para que sigáis sus pisadas; el cual no hizo pecado, ni se halló engaño en su boca; quien cuando le maldecían, no respondía con maldición; cuando padecía, no amenazaba, sino encomendaba la causa al que juzga justamente; quien llevó él mismo nuestros pecados en su cuerpo sobre el madero, para que nosotros, estando muertos a los pecados, vivamos a la justicia; y por cuya herida fuisteis sanados."*

La instrucción del Apóstol Pablo de remover al hombre viejo mientras aplica el hombre nuevo puede dividirse en tres partes diferentes: su discurso, sus actitudes, y sus acciones. Si realmente cambia su viejo y pecaminoso estilo de vivir por su nuevo y santo estilo de vivir, usted tiene que dedicarse en eliminar cualquier discurso, actitudes y acciones que no agradan a Dios y reemplazarlos con el discurso, las actitudes y las acciones que sí Le agradan.

En primer lugar, tiene que elegir en cambiar su estilo de hablar. El Apóstol Pablo es muy claro, usted tiene que desechar *"la mentira"* y reemplazarlo con la *"verdad"* (Efesios 4:25). Usted no puede permitir que *"ninguna palabra corrompida salga de vuestra boca, sino la que sea buena para la necesaria edificación, a fin de dar gracia a los oyentes"* (Efesios 4:29). Tiene que eliminar cualquier *"gritería y maledicencia,"* y reemplazarlas con bondad y perdón (Efesios 4:31-32). Tiene que guardar su lengua para que "palabras deshonestas, ni necedades, ni truhanerías, que no convienen" no sean parte de su estilo de comunicación, sino más bien unas *"acciones de gracias"* (Efesio

Su Nuevo Estilo de Vivir

5:4). Tiene que reconocer que *"vergonzoso es aun hablar de lo que ellos hacen en secreto, ... las obras infructuosas de las tinieblas"* (Efesios 5:11-12).

Las palabras de su boca revelan su corazón. Jesucristo dijo, *"El hombre bueno, del buen tesoro de su corazón saca lo bueno; y el hombre malo, del mal tesoro de su corazón saca lo malo; porque de la abundancia del corazón habla la boca"* (Lucas 6:45). Su lengua es poderosa y puede ser usada para lo bueno o lo malo (Santiago 3:2-12). Tiene que trabajar duro para eliminar su antigua forma de hablar para que *"vuestra palabra [sea] siempre con gracia, sazonada con sal, para que sepáis cómo debéis responder a cada uno"* (Colosenses 4:6).

En segundo lugar, tiene que elegir su estilo de actitud al eliminar concienzudamente el egoísmo, mientras busca el mejor interés de los demás. Tiene que empezar por asegurarse que cuando tenga ira, usted *"no pequéis"* (Efesios 4:26). Usted tiene que dedicarse a que "no se ponga el sol sobre vuestro enojo," al guardar su frustración e irritación con los demás debe entender que cuando lo haga, le está dando un *"lugar al Diablo"* (Efesios 4:26-27). Entonces tiene que *"quítense de vosotros toda amargura, enojo, ira," "o avaricia"* por ser *"benignos unos con otros, ... perdonándoos unos a otros, como Dios también os perdonó a vosotros en Cristo"* (Efesios 4:31-32, 5:3).

Su actitud hacia las circunstancias y las personas revela su nivel de humildad y orgullo. Usted tiene que aceptar que Dios permite cada circunstancia y persona en su vida para su beneficio y por lo tanto tiene que confiar en Él con cada una (Romanos 8:28). Tiene que elegir a estar *"sujetos a los ancianos; y todos, sumisos unos a otros, revestíos de humildad; porque: Dios resiste a los soberbios, y da gracia a los humildes. Humillaos, pues, bajo la poderosa mano de Dios, para que él os exalte cuando fuere tiempo; echando toda vuestra ansiedad sobre él, porque él tiene cuidado de vosotros"* (I Pedro 5:5-7).

En tercer lugar, usted tiene que elegir su estilo de acciones por tener autocontrol sobre todo su cuerpo. Tiene que tener cuidado de no hurtar las posesiones, el tiempo, etc., de los demás, "*sino trabaje, haciendo con sus manos lo que es bueno, para que tenga qué compartir con el que padece necesidad*" (Efesios 4:28). Usted tiene que eliminar cualquier tipo de "*malicia*" hacia otros por ser "*benignos unos con otros*" (Efesios 4:31-32). Y tiene que separarse de toda "*fornicación y toda inmundicia ... ni aun se nombre entre vosotros, como conviene a santos*" (Efesios 5:3). "*No seáis, pues, partícipes con ellos. Porque en otro tiempo erais tinieblas, mas ahora sois luz en el Señor; andad como hijos de luz (porque el fruto del Espíritu es en toda bondad, justicia y verdad), comprobando lo que es agradable al Señor. Y no participéis en las obras infructuosas de las tinieblas, sino más bien reprendedlas*" (Efesios 5:7-11).

Sus nuevas acciones revelarán que usted es uno de los hijos de Dios para los que le rodean. Tiene que alumbrar "*vuestra luz delante de los hombres, para que vean vuestras buenas obras, y glorifiquen a vuestro Padre que está en los cielos*" (Mateo 5:16). Tiene que decir como el Apóstol Pablo "*sino que golpeo mi cuerpo, y lo pongo en servidumbre, no sea que habiendo sido heraldo para otros, yo mismo venga a ser eliminado*" (I Corintios 9:27).

En su salvación, Dios no sólo salvó su alma y le dio un hogar en el cielo, sino también Él proveyó para que tuviese un estilo de vivir completamente nuevo; un estilo de vivir que "*sigue la justicia, la piedad, la fe, el amor, la paciencia, la mansedumbre,*" y así recibe Su bendición (I Timoteo 6:11). El desea que usted tenga la vida y que usted "*la [tenga] en abundancia*" (Juan 10:10). Entonces, tiene que vestirse "*del Señor Jesucristo, y no proveáis para los deseos de la carne*" (Romanos 13:14). Tiene que vivir con cuidado y propósito en cada momento, en cada palabra, en cada actitud y en cada acción, para darle la gloria a Dios.

Su Nuevo Estilo de Vivir

La Instrucción Bíblica acerca de Su Nuevo Estilo de Vivir

✓ **Mateo 12:43-45** - Cada creyente tiene que reemplazar diligentemente su viejo pecaminoso estilo de vivir por un nuevo piadoso estilo de vivir.

✓ **Romanos 8:1-13** - Cada creyente tiene que elegir en seguir la dirección del Espíritu Santo y depender en Su poder para ayudarle a eliminar su viejo estilo de vivir.

✓ **Romanos 13:11-14** - Cada creyente tiene que buscar en seguir a Jesucristo en su nuevo estilo de vivir por evitar cuidadosamente las oportunidades de cumplir los deseos de la carne.

✓ **Gálatas 6:7-9** - Cada creyente recibirá fruto (recompensa o castigo) por su estilo de vivir.

✓ **Colosenses 1:9-14, 2:6-8, 3:5-17** - Cada creyente tiene que elegir en dejar su viejo estilo de vivir en pecado y poner su nuevo estilo de vivir en justicia basado en su nueva vida en Jesucristo.

✓ **I Tesalonicenses 4:1-8** - Cada creyente tiene que elegir en vivir según un estilo de vida puro para agradar a Dios el Padre.

✓ _____ - _____

✓ _____ - _____

Andando en Vida Nueva

✓ _____ - _____

✓ _____ - _____

✓ _____ - _____

✓ _____ - _____

✓ _____ - _____

✓ _____ - _____

✓ _____ - _____

✓ _____ - _____

✓ _____ - _____

✓ _____ - _____

✓ _____ - _____

✓ _____ - _____

Una Investigación Bíblica acerca de Su Nuevo Estilo de Vivir

Efesios 4:17-24

1. ¿Cómo no debe caminar en su nuevo estilo de vivir?
   _____

2. ¿Qué le ha enseñado Jesucristo que se despoje?
   _____

3. ¿Qué le ha enseñado Jesucristo que se ponga?
   _____

Romanos 12:1-3

4. ¿Qué tipo de sacrificio vivo debe representar su nuevo estilo de vivir?
   - _____
   - _____

Tito 2:11-14

5. ¿Cómo le ha enseñado la gracia de la salvación que usted viva?
   11 Porque la gracia de Dios se ha manifestado para salvación a todos los hombres,
   12 enseñándonos que, renunciando a la _____ y a los deseos _____, vivamos en este siglo _____, _____ y _____,
   13 _____ la esperanza bienaventurada y la manifestación gloriosa de nuestro gran Dios y Salvador Jesucristo,

Romanos 6:6

6. ¿Quién fue crucificado con Cristo?

7. ¿Debe continuar sirviendo al pecado?

II Corintios 5:17

8. ¿Cuáles cosas fueron hechos pasados cuando usted aceptó a Jesucristo como su Salvador?

I Pedro 2:21-24

9. ¿Quién es el ejemplo al que debe seguir en su nuevo estilo de vivir?

Efesios 4:25, 29, 31-32

10. ¿Qué debe hablar en su nuevo estilo de vivir?

11. ¿Qué tipo de palabras debe tener en su nuevo estilo de vivir?

Su Nuevo Estilo de Vivir

12. ¿Cuáles tipos de hablar son los que debe dejar en su nuevo estilo de vivir?
    - ♦ _____
    - ♦ _____

Efesios 5:4, 11-12

13. ¿Cuáles tipos de discurso son los que no debe ser parte de su nuevo estilo de vivir?
    - ♦ _____
    - ♦ _____
    - ♦ _____

14. ¿Cuál tipo de discurso debe incluir en su nuevo estilo de vivir?
    _____

15. ¿Debe hablar de cosas pecaminosas hechas en secreto?
    _____

Lucas 6:45

16. ¿Qué revela su discurso sobre usted?
    _____

Santiago 3:2-12

17. ¿Es fácil ofender a otros con su discurso?
    _____

18. ¿Debe usted trabajar duro para controlar su discurso?
    _____

Colosenses 4:6

19. ¿Cuáles son los tipos de discurso que debe tener?
    6 Sea vuestra palabra siempre con _____, sazonada con ___, para que sepáis cómo debéis responder a cada uno.

Efesios 4:26-27, 31-32, 5:3

20. ¿Debe permanecer enojado en su nuevo estilo de vivir?
    _____

21. ¿Quién tiene la oportunidad de destruir su vida si usted vive en la ira?
    _____

22. ¿Cuáles son las actitudes que debe eliminar en su nuevo estilo de vivir?
    - ◆ _____
    - ◆ _____
    - ◆ _____
    - ◆ _____

23. ¿Cuáles son las actitudes que debe incluir en su nuevo estilo de vivir?
    - ◆ _____
    - ◆ _____
    - ◆ _____

I Pedro 5:5-7

24. ¿A quién Dios levantará a su debido tiempo?
    _____

25. ¿A quién resiste Dios?
_____

Efesios 4:28, 31-32

26. ¿Qué es lo que nunca debe hacer en su nuevo estilo de vivir?
_____

27. ¿Qué debe hacer con sus manos en su nuevo estilo de vivir?
_____

28. ¿Debe hacer alguna malicia (acciones maliciosas) a otros en su nuevo estilo de vivir?
_____

Efesios 5:3, 7-11

29. ¿Cuáles son algunos pecados que nunca deben ser parte de su nuevo estilo de vivir?
    - _____
    - _____
    - _____

30. ¿Cómo debe caminar en su nuevo estilo de vivir?
_____

31. ¿Debe participar con las obras infructuosas de las tinieblas?
_____

Mateo 5:16

32. ¿Quién debe recibir la gloria de las buenas obras en su nuevo estilo de vivir?

   _____

I Corintios 9:27

33. ¿Cómo debe mantener su cuerpo para que no sea eliminado espiritualmente?

   _____

Juan 10:10

34. ¿Cuál tipo de vida quiere Dios que usted tenga?

   _____

Romanos 13:14

35. ¿Quién debe ser representado por su nuevo estilo de vivir?

   _____

36. ¿Debe dar alguna oportunidad para que su carne cumpla con los deseos en su nuevo estilo de vivir?

   _____

Notas Personales acerca de Su Nuevo Estilo de Vivir

Andando en Vida Nueva

Capítulo 13

Su Nuevo Privilegio

II Corintios 5:17-21
De modo que si alguno está en Cristo,
nueva criatura es;
las cosas viejas pasaron;
he aquí todas son hechas nuevas.
Y todo esto proviene de Dios,
quien nos reconcilió consigo mismo por Cristo,
y nos dio el ministerio de la reconciliación;
que Dios estaba en Cristo
reconciliando consigo al mundo,
no tomándoles en cuenta a los hombres sus pecados,
y nos encargó a nosotros la palabra de la reconciliación.
Así que, somos embajadores en nombre de Cristo,
como si Dios rogase por medio de nosotros;
os rogamos en nombre de Cristo:
Reconciliaos con Dios.
Al que no conoció pecado,
por nosotros lo hizo pecado,
para que nosotros fuésemos hechos justicia de Dios en él.

Capitulo 13

Su Nuevo Privilegio

Una Introducción Bíblica a Su Nuevo Privilegio

II Corintios 5:17 revela una maravillosa verdad acerca del cambio espiritual que Dios hizo en su vida en el mismo momento en que usted aceptó a Jesucristo como su Salvador personal cuando dice, *"De modo que si alguno está en Cristo, nueva criatura es; las cosas viejas pasaron; he aquí todas son hechas nuevas."* Dios le ha dado una nueva vida, con nuevos privilegios. Sin embargo, con cada privilegio hay una gran responsabilidad. Uno de los mayores privilegios que se le ha dado se encuentra en II Corintios 5:20, donde el Apóstol Pablo declara firmemente, *"Así que, somos embajadores en nombre de Cristo, ..."*

El plan de Dios para su vida no se limitó a perdonar sus pecados y darle un hogar en el cielo. Él desea hacer su vida en esta tierra de valor eterno y le permite participar en compartir Su mensaje de reconciliación (paz) con su familia, amigos, conocidos e incluso extraños, para que también puedan disfrutar una nueva vida de reconciliación con Él.

El Apóstol Pablo explica el privilegio que Dios le ha dado para ser Su embajador en II Corintios 5:18-20. Él comienza por establecer la autoridad de Dios sobre su vida. El versículo 18 dice, *"Y todo esto proviene de Dios, quien nos reconcilió consigo mismo por Cristo."* Dios le ha dado una vida física, permitiéndole nacer en este mundo físico, y por lo tanto tiene autoridad sobre su vida física. Él también le ha dado vida espiritual a través de su nacimiento espiritual, y por lo tanto, tiene autoridad sobre su vida espiritual (Juan 3:1-8). El amor de Dios por usted, manifestado en el sacrificio de Jesucristo en la cruz para reconciliar su deuda de pecado y proporcionarle paz con Él, debe motivarlo a servirle fielmente hasta que Él elija llevarlo a Su hogar para estar con Él en los cielos. Por lo tanto, usted debe decir como el Apóstol Pablo, "*Porque el amor de Cristo nos constriñe, pensando esto: que si uno murió por todos, luego todos murieron; y por todos murió, para que los que viven, ya no vivan para sí, sino para aquel que murió y resucitó por ellos*" (II Corintios 5:14-15). "*Sabiendo que fuisteis rescatados de vuestra vana manera de vivir, la cual recibisteis de vuestros padres, no con cosas corruptibles, como oro o plata, sino con la sangre preciosa de Cristo, como de un cordero sin mancha y sin contaminación*" (I Pedro 1:18-19). "*Porque habéis sido comprados por precio; glorificad, pues, a Dios en vuestro cuerpo y en vuestro espíritu, los cuales son de Dios*" (I Corintios 6:20).

El Apóstol Pablo, después de establecer la autoridad de Dios y su paz con Él, continúa en el versículo 18 diciendo, "*y nos dio el ministerio de la reconciliación.*" En el momento en que usted aceptó a Jesucristo como su Salvador personal, se reconcilió con Dios y le dio un ministerio. Su ministerio es servir a Dios por servir a los que le rodean con Su mensaje de amor y paz. Dios desea que el mundo entero tenga la oportunidad de estar en paz con Él, así como usted (II Pedro 3:9). Incluso envió ángeles a la tierra en la noche del nacimiento de Cristo para proclamar "*¡Gloria a Dios en las alturas, y en la tierra paz, buena voluntad para con los hombres*" (Lucas 2:14)! Jesucristo, al subir al cielo después de Su muerte y resurrección, ordenó a Sus discípulos, diciendo, "*Por tanto, id, y haced discípulos a todas las naciones, bautizándolos en el nombre del Padre, y del Hijo, y del Espíritu Santo; enseñándoles que guarden todas las cosas que os he mandado; y he aquí yo estoy con vosotros todos los días, hasta el fin del mundo. Amén*" (Mateo 28:19-20).

Se le ha dado un ministerio de reconciliación. Su ministerio de reconciliación requiere que usted sirva fielmente a quienes le rodean, compartiendo con ellos la solución de Dios a su condición pecaminosa a través de su fe en la obra completa de Jesucristo.

Your New Privilege

"Porque todo aquel que invocare el nombre del Señor, será salvo. ¿Cómo, pues, invocarán a aquel en el cual no han creído? ¿Y cómo creerán en aquel de quien no han oído? ¿Y cómo oirán sin haber quien les predique? ¿Y cómo predicarán si no fueren enviados? Como está escrito: ¡Cuán hermosos son los pies de los que anuncian la paz, de los que anuncian buenas nuevas" (Romanos 10:13-15)!

El Apóstol Pablo continúa hablando de su ministerio de reconciliación con los que están a su alrededor, diciendo en el versículo 19, *"que Dios estaba en Cristo reconciliando consigo al mundo, no tomándoles en cuenta a los hombres sus pecados."* Dios le ha confiado su gran mensaje de reconciliación para compartir con el mundo. ¿Está listo para decir como el Apóstol Pablo, *"Por lo cual, teniendo nosotros este ministerio según la misericordia que hemos recibido, no desmayamos. Antes bien renunciamos a lo oculto y vergonzoso, no andando con astucia, ni adulterando la palabra de Dios, sino por la manifestación de la verdad recomendándonos a toda conciencia humana delante de Dios. Pero si nuestro evangelio está aún encubierto, entre los que se pierden está encubierto; en los cuales el dios de este siglo cegó el entendimiento de los incrédulos, para que no les resplandezca la luz del evangelio de la gloria de Cristo, el cual es la imagen de Dios. Porque no nos predicamos a nosotros mismos, sino a Jesucristo como Señor, y a nosotros como vuestros siervos por amor de Jesús"* (II Corintios 4:1-5)?

Finalmente, al conclusión del versículo 19, el Apóstol Pablo concluye por decir, *"y nos encargó a nosotros la palabra de la reconciliación."* Dios le ha provisto un manual que le enseña cómo debe ministrar para Él y el mensaje que tiene que compartir con quienes le rodean. Le ha dado la Palabra de reconciliación a través de las Sagradas Escrituras, la Biblia. La Biblia es el tratado de paz de Dios con el mundo. Dentro de sus páginas Dios ha revelado Quién es Él, cómo el hombre le ha fallado y cómo el hombre puede tener su relación con Él restaurada a través de Jesucristo (Romanos 3:23, 5:8, 6:23, 10:9-10). Ahora usted tiene que dedicarse a leer la Palabra de Dios, aprender la Palabra de Dios y compartir la Palabra de Dios con aquellos que le rodean. Se le ha dado el mayor privilegio que la humanidad ha disfrutado. Usted es el embajador del Creador. Tiene Su mensaje para compartir con aquellos que usted ama y cuida. Pero tiene que elegir en recordar Su autoridad sobre su vida. Tiene que apreciar el precio que se pagó para reconciliarse con Él. Tiene que aceptar el ministerio de reconciliación que Él le ha dado. Tiene que personalmente aprender, y compartir la Palabra de reconciliación que Él ha puesto a su disposición para que pueda representarlo correctamente en el mundo que lo rodea.

Your New Privilege

La Instrucción Bíblica acerca de Su Nuevo Privilegio

✓ **Mateo 5:13-16** - Cada creyente es la sal y luz espiritual de Dios en la vida de los que están a su alrededor para que puedan saborear y ver la salvación amorosa de Dios y desear una relación personal con Él.

✓ **Juan 20:21** - Cada creyente ha sido enviado al mundo por Jesucristo tal como Él fue enviado por Dios Padre.

✓ **Hechos 1:8** - Cada creyente ha recibido al Espíritu Santo para ser capacitado en cumplir su ministerio por participar en compartir el Evangelio al mundo entero.

✓ **I Corintios 15:33-34** - Cada creyente debe separarse de cualquier influencia pecaminosa que le impide compartir su conocimiento de Dios con aquellos que le rodean.

✓ **II Corintios 4:1-7** - Cada creyente ha recibido un ministerio que debe ser cumplido por la misericordia de Dios en pureza para que la luz del evangelio pueda brillar intensamente delante los que están a su alrededor.

✓ **I Pedro 3:15** - Cada creyente debe colocar a Dios en primer lugar en su vida para que los que están a su alrededor pregunten por su fe y tengan la oportunidad de compartir las buenas nuevas del Evangelio.

✓ _____ - _____

✓ _____ - _____

Andando en Vida Nueva

- ✓ _____ - _____
  _____
- ✓ _____ - _____
  _____
- ✓ _____ - _____
  _____
- ✓ _____ - _____
  _____
- ✓ _____ - _____
  _____
- ✓ _____ - _____
  _____
- ✓ _____ - _____
  _____
- ✓ _____ - _____
  _____
- ✓ _____ - _____
  _____
- ✓ _____ - _____
  _____
- ✓ _____ - _____
  _____
- ✓ _____ - _____
  _____

Una Investigación Bíblica acerca de Su Nuevo Privilegio

II Corintios 5:17-20

1. ¿En qué se convierte cuando acepta a Jesucristo como su Salvador personal?

2. ¿Cuánto de su vida pertenece a Dios después de su reconciliación con Él a través de Jesucristo?

3. ¿Qué ministerio le ha dado Dios después de su salvación?

4. ¿Qué quiere Dios hacer por el mundo?

5. ¿A quién le ha dado Dios el mensaje de reconciliación para que pueda ser compartido con el mundo?

6. ¿Cuál es su nuevo propósito (vocación espiritual) después de su salvación?

II Corintios 5:14-15

7. ¿Qué debe motivarlo para cumplir el propósito de Dios para su vida?

8. ¿Para Quién debe vivir después de su salvación?

   _____

I Pedro 1:18-19

9. ¿Qué precio fue pagado para redimirle de sus pecados?

   _____

I Corintios 6:20

10. ¿Por qué debe glorificar a Dios con su cuerpo y espíritu?

    _____

II Pedro 3:9

11. ¿Desea Dios que alguien perezca?

    _____

Lucas 2:14

12. ¿Qué quiere Dios que la tierra disfrute?

    _____

Mateo 28:19-20

13. ¿A dónde debe ir para compartir el Evangelio de Jesucristo?

    _____

14. ¿Qué debe enseñarle a los que escuchen?
_____
_____

Romanos 10:13-15

15. ¿A quién salvará Dios?
_____
_____

16. ¿Cuál es el proceso de Dios para ver al mundo salvo?
    14 ¿Cómo, pues, _____ a aquel en el cual no han creído? ¿Y cómo _____ en aquel de quien no han oído? ¿Y cómo ___ sin haber quien les predique?
    15 ¿Y cómo _____ si no fueren _____? Como está escrito: ¡Cuán hermosos son los pies de los que anuncian la paz, de los que anuncian buenas nuevas!

17. ¿Cómo considera Dios los pies de aquéllos que comparten el mensaje de la buenas nuevas de Dios?
_____

II Corintios 4:1-5

18. ¿Qué le ha dado Dios para que no se desmaye en su propósito de ministerio?
_____

19. ¿Cómo debe cumplir su ministerio para Dios a los que le rodean?
    2 Antes bien renunciamos a lo _____ y _____, no andando con _____, ni _____ la palabra de Dios, sino por la manifestación de la verdad recomendándonos a toda _____ humana _____ de Dios.

20. ¿Quién pierde la oportunidad de recibir el Evangelio si no cumple adecuadamente su ministerio?
    _____

21. ¿Quién busca cegar los ojos espirituales de los perdidos para que no puedan ver la luz del Evangelio?
    _____

22. ¿De Quién debe predicar al mundo que lo rodea?
    _____

23. ¿Quién va a ser usted para aquéllos a los que le comparte a Jesucristo?
    _____

Romanos 3:23, 5:6-10, 6:23, 10:9-10

24. ¿Quién ha pecado y está destituido de la gloria de Dios?
    _____

25. ¿Qué hizo Dios para mostrar Su amor por cada pecador?
    _____

26. ¿Cuál es el pago del pecado?
    _____

27. ¿Qué le ofrece Dios a cada pecador como un don?
    _____

28. ¿Cómo puede un pecador ser salvo de su pecado?
    9 que si _____ con tu boca que Jesús es el Señor, y _____ en tu corazón que Dios le levantó de los muertos, serás salvo.
    10 Porque con el _____ se cree para justicia, pero con la _____ se confiesa para salvación.

Notas Personales acerca de Su Nuevo Privilegio

Los Otros Estudios Bíblicos y Libros
disponible por
Los Ministerios de Andando en la PALABRA
www.walkinginthewordministries.net

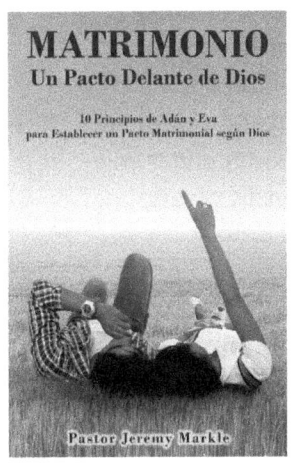

**Matrimonio:
Un Pacto Delante de Dios**

Diez estudios y materiales extras
para ayudar a una pareja
tener un matrimonio bíblico.

La Crianza con Propósito

Seis estudios
sobre la crianza bíblica.
Los primeros tres estudios se enfoquen en la
necesidad de los padres
de honrar a Dios con su niño.
Los últimos tres estudios se enfoquen en
cómo los padres tienen que representar Dios
Padre a su niño.

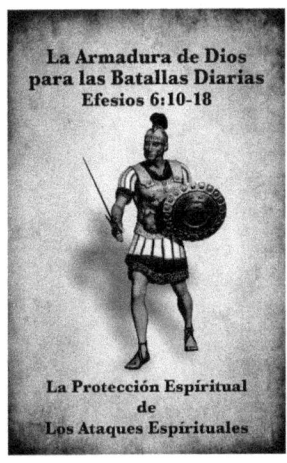

**La Armadura de Dios
para las Batallas Diarias**

Un estudio diario
para ayudar a los creyentes
a aprender y aplicar
los recursos espirituales
que Dios el Padre les da
para vivir la vida victoriosa.

Una Guía de Bosquejo para El Camino del Calvario de Roy Hession

Esta guía en forma de bosquejo
fue escrita para mejorar
su capacidad de comprender, recordar,
y aplicar las verdades espirituales
importantes compartidas en
El Camino del Calvario.

La Búsqueda para la Mano de Dios en Mi Vida

Un estudio de seis temas importantes
para que un creyente pueda ver
el cuidado y la dirección de Dios
en su vida.

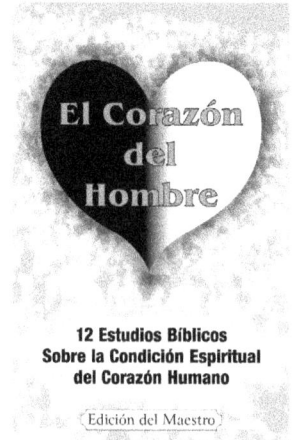

El Corazón del Hombre

Un análisis Bíblico
tocante a la salvación,
los primeros pasos de la obediencia,
y la vida nueva.

**¿Qué dice la Biblia sobre:
La Salvación?,
El Bautismo?,
La Membresía de la Iglesia?**

Tres estudios sencillos
para investigar y repasar
la salvación
y los primeros pasos de obediencia
en la vida del creyente.

**¿Quiénes Son Los Bautistas?
Según Sus Distintivos**

Un estudio bíblico
de las ocho creencias básicas
de los Bautistas.

**¿La Voluntad de Dios
es un Rompecabezas para Ti?**

Un estudio y formulario bíblico
para encontrar la voluntad de Dios
para su vida.

**Los Componentes Básicos
para una Vida Cristiana Estable**

Cinco estudios explicando
la importancia de y como organizarse
en la oración,
el estudio bíblico,
las verdades bíblicas,
los versículos de memoria,
y la predicación.